KLAR ZUM FEUERN

POLITISCHE ALLTAGSBETRACHTUNGEN EINES PIRATEN-KANDIDATEN

VON JOHN MARTIN UNGAR

1

Gedankensplitter – Blogs und Kommentare: ein Vorwort

Lesen sie weiter, hier gibt es nichts zu sehen. Oder doch? Die folgenden Texte sind in den letzten drei Jahren entstanden, als Blog-Beitträge für den Freitag und früher auch bei ZEIT-online und als Komentare in der ZEIT-online-Community, als es diese Community noch gab und sie noch fruchtbar war und diskurssüchtig.

In diesen Jahren zwischen 2008 und 2010 haben wir einen Wechsel erlebt von Dumm&Dümmer zu Schlimm&Schlimmer, letztere auch bekannt als die „Mövenpick-Koalition", wir haben unter kundiger Anleitung von führenden Bankmanagern den Zusammenbruch des grössten Kartenhauses der Welt beobachten dürfen. Und wie immer, wenn Karten oder Würfel im Spiel sind, hatte am Ende die Bank als Einzige gewonnen.

Ich selbst hatte auch ein paar Häutungen zu vollziehen — vom wütenden Bürger zum politsch aktiven Mitglied der Piratenpartei und von dort hin zum Listenkandidaten im NRW-Wahlkampf. Und als solcher habe ich aus all diesen Texten dieses kleine Brevier destilliert, das Ihnen als Wähler sagen soll, wer da eigentlich zur Wahl steht.

UND AUS DEN TEXTEN WERDEN SIE AUCH ENTNEHMEN KÖNNEN, WER SO ALLES NICHT ZUR WAHL STEHT, FÜR DIE MÜNDIGEN BÜRGER UNSERES LANDES.

ICH HOFFE, SIE HABEN SPASS BEIM LESEN UND VIELLEICHT EIN PAAR ERKENNTNISGEWINNE.

DORTMUND, 10.02.2010   JOHN MARTIN UNGAR

DANKSAGUNG

MEINER LIEBSTEN, DIE ES TAPFER ERTRÄGT, DASS ICH IN MEINER SPÄRLICHEN FREIEN ZEIT NIX BESSERES ZU TUN WEISS, ALS POLITIK ZU MACHEN.

DANKE, BIRGIT.

Inhaltsverzeichnis

Gedankensplitter – Blogs und Kommentare: ein Vorwort....2

Lesen sie weiter, hier gibt es nichts zu sehen. Oder doch? Die folgenden Texte sind in den letzten drei Jahren entstanden, als Blog-Beitträge für den Freitag und früher auch bei ZEIT-online und als Komentare in der ZEIT-online-Community, als es diese Community noch gab und sie noch fruchtbar war und diskurssüchtig....2

Das Internet kriegt Sendezeiten. Jugendschutz.... 8

DemokratieVertrauensAbbauBeschleunigungsgesetz....11

Niemand erwartet die Spanische Inquisition. 13

Wer hat's erfunden?....15

Wir müssen uns Silvester Berlusconi als politisches Vorbild vorstellen....18

Freiheit und Demokratie in den Zeiten der Konzernherrschaft 20

....30

Hinter Ihnen geht einer, hinter Ihnen steht einer...

....31

Schwarmintelligenz 2.0 – piratige Parteiarbeit von innen....34

Neues vom Mixxer....39

Piratenpartei: Ein Kurs über den Tag hinaus......41
Majji-MAjji - Grundeinkommen mal anders rum
....45
Immer schön den Großkopferten um den Bart
gehen...47
Wenn Innenminister ganz feucht träumen.........49
Weltwirtschaftskrise: Wir reiten alle miteinander
einen toten Gaul..52
Willkommen in der Debatte, Herr Müntefering!54
Through the past darkly.....................................55
Cross Border Leasing - Die Spur des Tafelsilbers
....63
Wahlkampf ist's..65
Kunst und Geld...66
Liebe Gemeinde..68
Wirtschaft oder Wissenschaft...........................70
Arme USA? Armes Deutschland!.....................72
Kommentare...75
    07.12.2009 Die Politik der Bimbespartei ...75
    29.11.2009 Falsch gerechnet 75
    28.11.2009 PETA und Veganer 76
    26.11.2009 Dieses Land ist unser Land 76
    22.11.2009 Les bourgeouises 76
    15.11.2009 Die Lage in NRW:..................77
   77
    25.10.2009 So isser, der Kapital-
    Feudalismus 78
    25.10.2009 Kapital-Feudalismus 79

22.10.2009   Krieg&Drogen 80

19.10.2009   Die Drogenindustrie und die Schäubles 81

24.09.2009   Einer meiner Freunde 82

25.09.2009   Ismen sind Ismen 82

25.09.2009   Solche sophistischen Unterscheidungen...............................84

24.09.2009   Dieser Mann 85

22.09.2009   Die Piraten sind Lumpen und krumme Hunde 86

11.09.2009   Parlamentarier und ihre Qualifikationen.....................................87

11.09.2009   Wer mit dieser chinesischen Administration redet, ...88

11.09.2009   Wieder was gelernt 88

06.09.2009   Immer wieder Rüttgers 89

02.09.2009   Regierungshandeln, Verwaltungshandeln, Parteienhandeln 90

02.09.2009   Da denkt man: Die Irren haben die Anstalt übernommen...........................90

01.09.2009   Wissenschaftstheorie ist nicht jedermanns Sache 92

01.09.2009   Nachdem Michel Glos bewiesen hatte, ...94

31.08.2009   Die bürgerliche Mitte ist ein elitaristischer Kampfbegriff 95

29.08.2009   Die pawlowschen Umweltschützer haben wieder....................96

28.08.2009   Jeder Cent ist vergeudet - 97
26.08.2009   Weder rechts noch links 97
17.08.2009   Feudalismus reloaded 98
Ich bin ein Pirat 99
Autor, Publizist, Dozent - das aktuelle Profil...101
    Biographisches....................................101
    Kurzbio..102
Der Job..103
    Dozententätigkeit...............................103
    Softwareentwicklung..........................103
    Programmierung:.................................103
    Administration/Systembetreuung:...............104
    Publizistische Tätigkeiten....................104
    Fachbücher..104
    Artikel...104
    Literatur...104

DAS INTERNET KRIEGT SENDEZEITEN. JUGENDSCHUTZ...

Ein weiteres Mal versuchen die Altparteien, den Jugendschutz zu missbrauchen, um das Internet unter Kontrolle zu bringen. Und wer gedacht hat, dass der Tiefpunkt der Ahnungslosigkeit erreicht war, als der Chef des BKAs darauf bestand, dass man IP-Adressen löschen könne und gegebenenfalls eben auch müsse, der wird durch diesen Jugendmedienschutz-Staatsvertrag eines Besseren belehrt: Die Skala der Ahnungslosigkeit ist nach unten offen...

Die Länder dieser Republik wollen allen Ernstes das Internet unter die Regeln des Rundfunkgesetzes pressen - das heißt: Freigaben ab 0, 6, 12, 16 und 18 Jahren vergeben und dem Internet im Rahmen dieser Freigaben "Sendezeiten" aufoktroyieren.

Das bedeutet: Wenn die Zensurbehörde in ihrer patriarchalen Weisheit beschließt, dass politische Wahrheiten Jugendlichen unter 18 Jahren nicht zuzumuten seien, dann werden die meisten Blogs dieser Republik von 6.00 morgens bis 22.00 am Abend offline gestellt sein. Das ist nicht die Reise nach Jerusalem sondern viel mehr die Höllenfahrt aus einer demokratischen Republik direkt nach China. CDU, SPD und FDP stellen mittlerweile eine Gefahr für Freiheit und Demokratie dar, wie wir sie seit dem Ende der DDR nicht mehr zu gewärtigen hatten.

Und die schwarz-koalitionär angefixten Grünen stehen daneben und schweigen.

Die Staatskanzleien unserer Bundesländer subsumieren das
Internet einfach mit dem harmloses Bürokraten-Rhabarber:
Telemedien. Und Telemedien sind dann eben alles, was
Medieninhalte übermitteln kann. Auf dieses Weise werden das
Netz und der bisher im Rundfunk-Staatsvertrag implementierte
Jugendschutz zu einer Einheit zusammengepresst und auf diese
Weise die Befugnishoheit der FSK auf das Internet
angewendet.

Besonders perfide dabei ist es, die Durchführung dieses
"Jugendschutzes" den Dienste- und Service-Providern in
gleicher Weise aufzudrücken und so nach dem Muster der
"Vorratsdatenspeicherung" den Bürger bezahlen zu lassen,
dafür dass Staat ihn in dreistester Weise Zensurvorschriften
überstülpt.

Wie durch puren Zufall haben die beteiligten Staatskanzleien
schon längst die Träger-GmbH zur Seite www.jugendschutz.net
gegründet - wohl gemerkt, als GmbH. Diese Firma soll dann
den Part der "Internet-FSK" übernehmen. Auch hier sind die
Wessis Erich Mielke weit voraus: So kann man daran
verdienen, dass man den Bürger zensiert.

Die bisherige Entwicklung lässt keinen anderen Schluss zu als
diesen: Die Altparteien betrachten unser Grundgesetz als ein
lustiges Stück Folklore und sind dabei, uns allen eine deutsche
Version der *great chinese firewall* überzustülpen.

So sehr wir als kleine, junge Partei heroische Posen schätzen
mögen, als letztes Bollwerk gegen den Neofaschismus wollten
wir eigentlich nicht auftrumpfen. Dennoch lautet die simple
Wahrheit: Zwischen einem Land, von dem Erich Mielke nicht
einmal feuchte Träume hatte und der Freiheit und der

Demokratie, wie sie jetzt noch existieren, stehen nur noch Sie und wir, die Piratenpartei. Helfen Sie uns in NRW, diesen Albtraum von einem Staatsvertrag zu verhindern, wählen Sie am 9. 5. 2010 in NRW Piraten.

Etwas Besseres ist nicht im Angebot.

DemokratieVertrauensAbbauBesc hleunigungsgesetz

Der verurteilte Steuerbetrüger Lambsdorff, und völlig zu recht Ehrenvorsitzender der FDP, ist tot. Aber seine Epigonen machen weiter wie bisher.

1,1 Millionen Euro hat die FDP kassiert, von den Miteigentümern der Mövenpick-Hotelgruppe. Und zum Dank hat sie es der deutschen Hotellerie tausendfach zurückgezahlt. Klientelismus pur, Kleptokratenpolitik wie weiland bei Suharto oder Mugabe. Nur in diesmal in Deutschland, mal wieder. Und, mal wieder, ist es die Politik der Bimbeskoalition. Die FDP verschenkt das Staatsvermögen an ihre Liebchen, während Koch in Hessen nach der Einführung von Zwangsarbeit geifert. Warum nicht gleich "Reichsarbeitsdienst"?

Am 9.5. wird in Nordrhein-Westfalen gewählt und ich werde mit meiner Partei dafür kämpfen, über die 5%-Hürde zu kommen. Das kann mich nicht davon abhalten, ein 2. Ziel zu verfolgen, die Bildung einer Koalition der Anständigen: Diese FDP hat im NRW-Landtag nichts mehr zu suchen.

Erheben wir gemeinsam unsere Stimme gegen die fortgesetzte Notzüchtigung unseres Gemeinwesens durch diese Allianz der Koofmichs: Sagen wir jedem, der es hören will oder nicht, daß die FDP, diese FDP, für keinen anständigen Menschen im Lande eine wählbare Partei ist.

Niemand erwartet die Spanische Inquisition.

Wie auch? Die heißt ja nicht einmal so. Die heißt jetzt ArGE.
Und sie kommt so unangemeldet, so aufdringlich und so
mitleidlos über ihre Opfer, wie die oben genannte
Folkloregruppe aus dem beliebten Urlaubsland. In Sachsen
haben sie mit einem Akkuschrauber einem Menschen die Tür
zu einem Raum seiner Wohnung zugeschraubt, weil die
Wohnung zwar billig, aber "zu groß" war. Überall in
Deutschland sind die ohnehin gebeutelten Kinder von Hartz-4-
Empfängern genötigt, in den Ferien nach Schwarzarbeit
Ausschau zu halten, denn wenn sie wie ihre Klassenkameraden
reguläre Ferienbeschäftigungen eingehen, um sich mal ein
Fahrrad, ein Laptop oder ein Paar angesagter Turnschuhe zu
leisten (im Wortsinne), dann wird ihr erarbeitetes Geld auf den
Hartz-4-Satz ihrer "Anspruchsgemeinschaft" angerechnet, will
sagen, was Junior verdient, wird Eltern abgezogen.

Nach SchröderMerkelWesterwelle und ihrem Hit von Hartz 4
und der Leistung, die sich lohnen müsse, ist der Sozialstaat in
Deutschland nur noch als Karikatur wahrnehmbar. Bestenfalls.
Und dabei hat niemand auch nur leise den Diskurs begonnen
über das eigentliche Problem: Das Ende der Arbeit ist nahe.
Und zwar auch und gerade für die Niedriglöhner im
Logistikbereich. Der Lagerarbeiter der Zukunft hat keinen
Namen, sondern eine Inventarnummer, sein kleiner Bruder füllt
die Regale im Supermarkt, in den nur noch reinkommt, wer
eine gültige Kreditkarte hat. Von der wird automatisch

abgebucht, was beim Verlassen des Ladens im Korb liegt. Platzregen vor dem Supermarkt? Bierkiste zu schwer? Kein Problem, das Taxi kommt erstens schnell und zweitens ohne Fahrer aus. Und in diesem Stile könnte ich noch zwei bis drei Seiten füllen, nicht etwa mit 60er-Jahre SciFi, sondern vielmehr mit einer Beschreibung, der technischen Möglichkeiten von hier und Jetzt. Gut, bis das alles so eingesetzt sein wird, werden noch ein paar Jahre vergehen. Aber es wird so kommen, ob wir wollen oder nicht.

Da kann man nicht zeitig genug anfangen, um diese technischen, produktiven Möglichkeiten herum eine neue Gesellschaftsordnung zu entwickeln, eine, die alle mitnimmt und in erträglicher Weise gerecht ist. Oder man wartet ab, weil man Freude hat an Volksaufständen und Bürgerkriegen. Noch ist Hartz-4 ein "Unterschichtenproblem". Noch. Und wer nicht weiß, was geschehen kann, wenn der Staat die Bürger verärgert, der werfe einen Blick auf das Frankreich von 1789. Mit den technischen Mitteln und Methoden des 21. Jahrhunderts ist der real existierende FeudalKapitalismus weder begründbar noch haltbar.

Ein Bedingungsloses Grundeinkommen und kostenlose Bildung für Alle! Das mit der Guillotine muss doch nun wirklich nicht nochmal sein.

WER HAT'S ERFUNDEN?

Haben wir uns in D denn das richtige Volk gewählt, um es mit Direkter Demokratie zu beglücken? Die Schweizer, so viel steht seit dieser Woche fest, die Schweizer habens zwar erfunden, aber das richtige Volk dafür sind sie augenscheinlich nicht.

Die Schweizer sind wie so ziemlich alle Europäer nicht wirklich glücklich mit der Tatsache, dass sie eine Menge muslimischer Einwanderer im Lande haben. Gibt es aber irgendwo eine begründete Bürgerpflicht, jeden Einwanderer toll zu finden & lieb zu haben? Ist uns da etwas entgangen? Würde ich mich entscheiden, auszuwandern, würde ich mich, egal wo's mich hinzöge, dort von meiner besten Seite zeigen, versuchen Kontakte zu den dort Hiesigen zu knüpfen und alles in allem meine Energie da hineinlegen, ein guter und willkommener Nachbar zu sein. Was tun die Muslime, die hier her ziehen in diese Richtung? Und darf ich von jemand anderem erwarten, dass er/sie derlei tut, beliebt sein will, dort wo er hingezogen ist? Steht eine Verhaltensstrategie, die aus einer Kultur des persönlich-sichtbar-Seins stammt, denen zur Verfügung, die klug daran taten, dort, wo sie herkamen, unsichtbar zu sein?

Mein Freund Emin ist Deutscher. Sein Grossvater war Türke, Emin ist Deutscher, und seine Freunde sind Deutsche, einige haben, wie er, einen türkischen Großvater, aber alle sind Deutsche. Und Türken, sagt Emin, kennt er nicht. Mit denen könne er nix anfangen, die seien so ungebildet. Und weil er einen türkischen Großvater hat, wird er vom antifaschistischen

Lynchmob trotz dieser Aussage verschont.

Manchmal, wenn das Leben gut zu uns ist und der Jazz
großartig, wird es spät am Wochenende, sehr spät, spät genug ,
die Nacht mit einem Frühstück zu beenden. Und dann sagt
Emin: Lasst uns türkisch frühstücken. da sitzen wir dann, Emin
und ich, - einer mit nichtdeutschem Großvater ein Portugiese,
zwei SeSerbinnendie uns in einem Jazzclub "zugelaufen" sind,
unser Kumpel Wei, sein GGGroßvater aus Shanghai nach
Dortmund, und essen Fladenbrot, Wildhonig Ziegenkäse, und
eine Rindfleischsalami. Emin würde nie Schinken essen, denn
er ist Moslem.

Der Grabenkrieg um die Emigration nimmt *verdun*sche
Ausmaße an, und er wird auch in vergleichbarer Weise sinnlos.
Im Besonderen sehen wir nur noch bedingte Reflexe, wo
reflektiertes Denken von Nöten wäre. Die Schweizer haben
nicht gegen den Islam gestimmt, sie haben nicht gegen den Bau
von Moscheen gestimmt, sie haben gegen ein architektonisches
Detail gestimmt. Ob das besonders reflektiert war oder nicht,
das zu beurteilen, steht uns nicht-Schweizern nicht zu.
Jedenfalls haben sie die Muslime nicht ins Gesicht geschlagen
oder vors Schienbein getreten, sondern "nur" ein bisschen
geschubst. Ob das wirklich klug war? Das müssen Sie sich
schon selbst beantworten.

Wer Religionsfreiheit sagt, muss vorher Menschenrechte sagen,
die Freiheit, die hier in Rede steht, hat keine christliche
Tradition. Es ist die Freiheit im Geiste Kants, Voltaires,
Diderots, Rousseaus. Das konstituiertt erst die Freiheit des
Individuums, sein Recht auf selbstbestimmtes Leben,
ungeachtet von Geschlechtszugehörigkeit und sexueller
Orientierung und selbstverständlicheinschließlichh der Freiheit,
sich Ehepartner oder Lebensgefährten selbst und frei wählen zu

können.

Dem hat sich alles andere unterzuordnen. Auch die Religionsfreiheit.

Wir müssen uns Silvester Berlusconi als politisches Vorbild vorstellen

Vorbildlich für eine neuen, heraufdämmernde Ära des Faschismus light. Eine Ära, in der ehrlose Koofmichs im Namen des Finanzkapitals ein scheindemokratisches Kasperletheater aufführen, nur mit dem Ziel, das dumme Pack ruhig zu halten. Leuchtendes Vorbild bei der Notzüchtigung von Freiheit und Demokratie ist und bleibt der brutalsmögliche Politkorrumpteur aus Hessen: Roland Kochs Attacke auf den Chefredakteur des ZDF stellt seine Verachtung für die Verfassung dieses Landes und seine völlige Demokratieunfähigkeit ein weiteres Mal in obszönster Weise zur Schau.

Die Freiheit, die Deutschland nach dem Krieg geschenkt bekam, muss hier und heute neu erkämpft werden. Dabei erkennt man die Feinde dieser Freiheit leicht: Sie nennen sich Volksparteien.

Die Piratenpartei Deutschland fordert, den Volksparteien ihr Staatspropagandainstrument aus der Hand zu schlagen und die Öffentlich-Rechtlichen Sender von denen kontrollieren zu lassen, die sie bezahlen: Den Bürgern dieses Landes.
Die Rundfunkräte aller ÖR-Sender müssen frei und demokratische von den GEZ-zahlenden Bürgern dieses Landes gewählt werden. Nur so ist gewährleistet, dass die Öffentlich-Rechtlichen Sender ihre Arbeit so machen können, wie es die Verfassung vorsieht.

Freiheit und Demokratie in den Zeiten der Konzernherrschaft

Als sich die Kalifornier in den 90er Jahren per Volksabstimmung gegen den Verkauf schwefelhaltiger Kraftstoffe aussprachen, sah sich Venezuela als Erdölexporteur behindert und klagte gegen diesen Volksentscheid beim WTO. Und gewann. Der Volksentscheid war wertlos.

Vor den staunenden Augen der informierten Öffentlichkeit – also vor dem kleineren Teil der Menschen – spielen sich die Vorbereitungen zu einem demokratiefeindlichen Schurkenstück ganz ähnlicher Provenience ab: Die ACTA-Verhandlungen begannen, verborgen vor der Welt, im Jahre 2007 und wurden während der G8-Treffen 2008 und 2009 weiter fortgeführt. Zuletzt tagten die beteiligten Parteien am 5.11.2009 in Seoul.

Teilnehmerländer an diesen Geheimverhandlungen sind die USA, Kanada, die EU, Schweiz, Japan, Korea, Singapur, Australien, Neuseeland, Mexiko, Jordanien, Marokko und die Vereinigten Arabischen Emirate.

Hauptthema der Verhandlungen ist die Rechtsfindung im Kampf gegen Produktpiraterie. Was bei gefälschten Passagierflugzeugteilen oder Medikamenten sinnvoll scheint, wird aber leider konterkariert durch die Auffassung, dass der Begriff Produktpiraterie auch auf nicht-physische Güter übertragen werden soll.

Das bedeutet, dass am Ende ein Schüler, der einen bedeutungslosen Popsong illegal herunterlädt, juristisch gleichgestellt wird mit den potentiell todbringenden Importeuren nutzloser Bremsbeläge und unwirksamer Arzneimittel. Im Besonderen soll via ACTA die unter Bürgerrechtlern unumstritten verfassungswidrige 3-Strikes-Regelung für Internetzugänge auf einer supranationalen etabliert werden.

Hoch dubios ist auch der Status der Verhandlungen.Im März 2009 wies die US-Regierung Auskunftsbegehren von Konsumentenschützern zu ACTA zurück. Die Regierung Obama begründete den Schritt mit der Bedrohung der nationalen Sicherheit. Der Blogger Keionline deckte auf, dass hingegen Pharmalobbies und Medienkonzerne stets ausführlich auf dem Laufenden gehalten werden.

In dieses Muster passt auch das Lavieren der Europäischen Union. Während das durch den Abschluss des Lissabon-Prozesses aufgewertete Europaparlament sehr kritisch über den Fortgang der ACTA-Bestrebungen ausließ: Inhaltlich ist der Entwurf für die ACTA-Vorhaben vernichtend. Hier sind einige der Vorschläge, die das Parlament in den ACTA Verhandlungen berücksichtigt wissen wollte:

- Neue Gesetze sollen zwischen physischen und geistigen Eigentum unterscheiden. Insbesondere soll der Unterschied zwischen echtem Diebstahl und Verletzung von Copyrights herausgestrichen werden. Diese Unterscheidung wurde als „fundamentally important" bezeichnet.

- Kleine und mittlere Unternehmen spielen

besonders in der EU eine wichtige Rolle für Innovation und Forschung. Dies sollte in den internationalen Verhandlungen aus Europäischer Perspektive berücksichtigt werden.

- Bei ACTA wird über noch weitergehende Maßnahmen verhandelt, als dies bei ähnlichen Handelsabkommen wie <u>TRIPS</u> und anderen <u>WIPO</u> Übereinkommen der Fall war. Dennoch sind die ACTA Verhandlungen durch Intransparenz gekennzeichnet.

- Der EU-Vertrag bietet keine Rechtsgrundlage für die Gemeinschaft, um in internationalen Verhandlungen die Höhe von Strafen und Ausprägung von Gesetzen bei Copyright-Verstößen für die gesamte Gemeinschaft festzulegen.

- National verschiedene Gesetze bei Copyright-Verstößen, entsprechend deren Art und Schwere, sollten tunlichst berücksichtigt werden.

- Die Begriffe „counterfeiting" und „piracy" sind nicht definiert und werden beliebig verwendet. Die Kommission ist aufgefordert, hier klare Begriffe zu verwenden, bevor die Verhandlungen begonnen werden.

- Die Bedeutung des Schutzes der Privatsphäre und des Datenschutzes soll herausgestrichen werden.

- Das öffentliche Interesse an den Vorschlägen und Statusberichten der ACTA Verhandlungen sollte zur nicht-Inanspruchnahme der Geheimhaltungsmöglichkeiten führen. Die Kommission sollte sich an Artikel 255 orientieren, welcher u.a. jedem Bürger der EU das Recht einräumt, Dokumente der Kommission einzusehen.

Die Parlamentarier votierten mit 309 zu 232 Stimmen für diesen Entwurf. Die Kommission reagierte am 25. September mit einem Gegendokument, welches den Entwurf des Parlaments faktisch in sein Gegenteil verkehrt. Das eigene Dokument wurde natürlich angenommen.

So sieht die Kommission die Angelegenheit:

- Vor dem Hintergrund des Lissaboner Vertrags betont die EU die Wichtigkeit der Bekämpfung von Produktpiraterie und der Schaffung eines Effizienten Systems zum Schutz des geistigen Eigentums.

- Die Freiheit der internationalen Märkte und deren Verbesserung wird besonders beachtet.

- Der Kampf gegen Produktfälschung und Piraterie ist besonders an den Grenzen der EU[8] zu führen, internationale Rechte des geistigen Eigentums sind möglichst zu harmonisieren. Dabei sind auch die existierenden nationalen und durch Industrievereinigungen geschaffenen Eigentumsrechte wichtig.

- Bestehende Instrumente der EU im Kampf gegen Piraterie sollen in eine Richtung geändert werden, sodass Zollbehörden gegen Güter vorgehen können, die geistiges Eigentum verletzen.

- Besondere Beachtung des Internets bei der Piraterie.

- Wichtigkeit des geistigen Eigentums für die kulturelle Vielfalt, Forschung und Innovation besonders auch im Hinblick auf die Wettbewerbsfähigkeit kleiner und mittlerer Unternehmen.

- Stärkung des Patentwesens in der EU, damit Patentinhaber ihre geistigen Eigentumsrechte besser durchsetzen können.

- Europaweite Aktionen in Form von public-private partnerships gegen Piraterie sollen geschaffen und gefördert werden.

- Entwicklung von Aktionen um die Aufmerksamkeit für den Kampf gegen die Piraterie zu steigern. Ausdrücklich soll an „die jüngsten Konsumenten" („including the youngest consumers") herangetreten werden, um diese auf die Gefährlichkeit von Piraterie aufmerksam zu machen. Es soll ein Europäischer Achtsamkeitstag ausgerufen werden.

- Es sollen alle verfügbaren Mittel eingesetzt werden, welche die Mitgliedsstaaten in ihrem Repertoire haben um die Piraterie zu bekämpfen. Speziell ist die Rede davon, in den Jahren 2009 bis 2012 elektronisch vernetzte Systeme zu schaffen. Diese sollen Behörden und Zoll, aber auch alle Rechteinhaber miteinander verbinden um die Effizienz von verschiedenen Gesetzen zu untersuchen, Erfahrungen auszutauschen und Experten zusammen zu bringen.

Was erwartet uns nun?

Anforderungen an Internet Service Provider (ISPs):

Deep Packet Inspection statt bzw. zusätzlich zu Vorratsdatenspeicherung

Der Datenverkehr soll auch inhaltlich durchsucht werden. Die Vorratsdatenspeicherung ermöglicht bisher nur ungefähre Rückschlüsse auf die Inhalte der Daten, die transferiert wurden. Von jemanden, der die Seite eines Hautarztes aufgerufen hat, kann man z.B. annehmen, dass er unter einer Hautkrankheit leidet. Mit der inhaltlichen Analyse jedes einzelnen Datenpakets lässt sich in Echtzeit, sofern die Investitionen getätigt werden, feststellen, ob Maschinen geschützte Daten austauschen. Wie diese äußerst rechenintensive Überwachung finanziert werden soll, muss sich wohl der Steuerzahler fragen. Der Verband der Internet Service Provider Österreichs (ISPA) sieht die Gefahr, dass durch ACTA kleine ISP nicht mehr existieren können, da sie die enormen Anforderungen nicht finanzieren können.

Beschränkung des Zugangs zum Internet

"ISPs need to put in place policies to deter unauthorised storage and transmission of IP infringing content (ex: clauses in customers' contracts allowing, inter alia, a graduated response)"

Vom Three-Strikes Modell in Frankreich kann angenommen werden, dass dort bereits Maßnahmen aus dem ACTA-Abkommen vorweggenommen werden. Die ISPA macht darauf aufmerksam, dass dies weniger Privatnutzer betrifft, da sich diese notfalls einen alternativen Internetzugang suchen können.

Wenn jedoch Unternehmen oder anderen Organisationen der Internetzugang gesperrt wird, weil z.B. ein Mitarbeiter am Arbeitsplatz eine Urheberrechtsverletzung begeht, dann kann das schwere wirtschaftliche Folgen nach sich ziehen. Angesichts der Tatsachen, dass der Internetausbau in Österreich stark verbesserungswürdig ist - nur 55% der Haushalte haben die Möglichkeit, einen Breitbandanschluss zu erhalten- sowie der regional marktbeherrschenden Stellungen einiger ISP, bedeutet die Sperre des Internetanschlusses auch für viele Privatanwender den Ausschluss aus der modernen Gesellschaft.

Proaktive Ermittlungen durch ISP

ISP sollen im Rahmen von public-private Partnerships selbständig Ermittlungen durchführen und die Daten von Benutzern weiterleiten. Der bisherige Schutz der ISP, den sie durch ihre Rolle als reine Datentransporteure genießen konnten, soll nach dem Willen der involvierten Lobbygruppen aufgehoben werden.

Verletzung der Privatsphäre:

Verdachtslose Durchsuchung von Personen

Da heutzutage jeder zumindest ein Mobiltelefon hat, kann jeder ohne konkreten Verdacht nach illegalen Inhalten durchsucht werden. Das kann nicht nur auf Flughäfen passieren, sondern durch das Schengen-Abkommen überall und jederzeit.

Die FSF (Free Software Foundation) macht auch auf den weiteren Ausbau einer Überwachungskultur aufmerksam.

Strafrechtliche Verfolgung von Non-Profit Organisationen

Eine bereits als "Pirate-Bay-Killer" bezeichnete Klausel soll die strafrechtliche Verfolgung von Urheberrechtsverletzungen ohne Bereicherungsabsicht ermöglichen, wie bereits weiter oben erwähnt. Davon sind auch Organisationen betroffen, wie Heise beschreibt.

Förderung von Trivialpatenten

Es ist verwunderlich, dass ausgerechnet die Europäische Union die treibende Kraft hinter einer Ausdehnung des ACTA Abkommens auf Patente ist. Da in den USA ein wirtschaftsliberaleres Patentrecht vorherrscht, würde dies ein Wiederaufleben der Diskussion rund um Software- und Trivialpatente bedeuten.

Gefährdung freier Software

Durch ein Verbot von Peer to Peer- Software wird die effiziente
Verteilung von Software und Daten verhindert. Die
kostengünstige Verteilung erlaubt es, dass die mit geringen
finanziellen Mitteln ausgestatteten Programmierer und
Wissenschaftler nicht länger zu innovativen Projekte beitragen
können. Durch den Ausbau von DRM wird das Abspielen von
Inhalten unter freier Software verhindert. ACTA sieht den
Ausbau von DRM und ein Verbot der Umgehung von
Kopierschutzmaßnahmen, weiter gehend als bereits
vorhandene Verbote, vor. Der geringe Bekanntheitsgrad von
freier Software und auch Hardware – z.B. mp3 Player für
offene Standards – in Verbindung mit dem Agieren von
Zollbeamten nach freiem Ermessen wird zu einer
Verdächtigung und Vorverurteilung der Benutzer solcher
Geräte führen. Auf der anderen Seite werden bekannte Geräte,
wie der iPod, aufgrund ihrer Verbreitung, unverdächtig
erscheinen.

Bekämpfung von Generika

Non-Profit-Organisationen befürchten, dass der Zugang zu
günstigen Medikamenten besonders in der Dritten Welt
verhindert wird. Es ist bereits ein Fall bekannt, wo aufgrund
der existierenden Handlungsmöglichkeiten ein dringend
benötigter Transport von Medikamenten nach Nigeria
aufgehalten wurde. Mit ACTA wird es unmöglich werden,
günstige Generika herzustellen, weil nicht nur das fertige
Medikament, sondern auch jeder einzelne Inhaltsstoff
patentrechtlich geschützt wird. Das bedeutet, dass ein
Medikament ausschließlich aus Inhaltsstoffen bekannter
Markenhersteller zusammengesetzt sein darf. Dass es dabei
nicht um die Verhinderung von gefährlichen Fälschungen geht,

streicht das TWN (Third World Network) heraus:*"basically a wake-up call for all developing countries that they should not be misled into thinking that this is a battle against compromised medicines."*In einem Appell warnen daher das TWN und andere NGOs vor einem globalen Verbot von Generika.

Hinter Ihnen geht einer, hinter Ihnen steht einer...

dreh'n Se sich nicht um.

Stellen Sie sich vor, sie gehen nachts an einer roten Ampel über die menschenleere Straße und bekommen Tage später anhand Ihrer Handy-Positionsdaten einen Bußgeldbescheid. Oder:

Wenn ein unbescholtener Bürger in einer fremden Stadt sein Auto parkt und sein eingeschaltetes Handy im Handschuhfach vergisst, dann war er vielleicht am Tatort eines Verbrechens für die Ermittlungsbehörden, während er ohne Alibi allein im Hotelzimmer lag und schlief - 500 Meter weiter, wie das so ist mit Parkplätzen in den Innenstädten. Hat er dann noch den Weg dahin gegoogelt und sich Karten der Umgebung angesehen: Alles Verdachtsmomente. Sein Handy sagt ja: Er war am Tatort. Und dieses Beispiel ist nicht abwegig. Erst vor wenigen Wochen war ich beruflich in Hamburg, das einzige bezahlbare, freie Hotel war in St.Georg, hinterm Bahnhof - mitten im Rotlichbezirk, an einem möglichen Tatort. Genau die beschriebene Situation. Oder:

Vor der Möglichkeit, dass durch Hacker Handydaten gefälscht werden, warnt sogar das Bundesamt für Sicherheit in der Informationstechnik. Damit kann jeder unbescholtene Bürger ins Fadenkreuz der Ermittler geraten. Je nachdem wie sehr sich der Glaube in der Unfehlbarkeit der Daten seitens der Behörden in Zukunft entwickelt, ist der Bürger dann in der

Situation, seine Unschuld beweisen zu müssen.

Warum ich Ihnen das alles erzähle?

Laut einem Schreiben vom 28.9. des Jahres lädt die
Bundesnetzagentur (BNetzA) deutsche
Telekommunikationsanbieter zum 5. November 2009 nach
Mainz. Dort soll der Wunsch diskutiert werden, einen
Bestandsdatenpool aller deutschen TK-Anbieter aufbauen, um
entsprechende Abfragen gemaessParagraph 112 TKG zu
vereinfachen. In dem so geplanten Datenpool würden die
Daten sämtlicher Telefon-, Handy-, DSL- und E-Mail-Kunden
in Deutschland zentral gesammelt. Unter
datenschutzrechtlichen Gesichtspunkten erscheint eine solche
Datensammlung äußerst bedenklich. Laut WikiLeaks vermuten
zum Thema befragte TK-Anbieter , dass als Speicherort das
Bundesverwaltungsamt erwogen wird.

Da sieht man als Pirat die schlimmsten Befürchtungen seiner
Partei bestätigt. Besonders gefährlich ist der Mangel an
Kontrolle innerhalb einer Überwachungsbehörde, so dass mit
Zugriffen auf den Datenpool von "innen" auch ohne
richterliche Verfügung zu rechnen ist. Insgesamt wird der
Bestandsdatenpool ein weiterer Schritt auf dem Weg in den
Überwachungsstaat sein und die Freiheitsrechte und das
Bürgerrecht auf informationelle Selbstbestimmung empfindlich
beschädigen.

Bleibt noch hinzuzufügen , dass sich mit Verwirklichung dieser
Pläne die schlimmsten Befürchtungen einer zentralen "Abhör-
Behörde" bestätigen würden. Die Folgen für den Rechtsstaat
wie wir ihn kennen, wären mit unserem derzeitigen
Kenntnisstand nicht im entferntesten abzusehen. Diese und
weitere, ähnliche Entwicklungen der letzten Jahre machen es

nun zur Aufgabe eines jeden Bundesbürgers, der nicht in einem
Überwachungsstaat leben will, sie zu verlangsamen,
aufzuhalten und eines Tages rückgängig zu machen.

 Möglich ist das zur Zeit nur mit der einzigen, ernsthaften
Bürgerrechtspartei. Der Piratenpartei. Ob Ihnen das gefällt oder
nicht.

SCHWARMINTELLIGENZ 2.0 – PIRATIGE PARTEIARBEIT VON INNEN

"DAS DUNKLE VOLK DER FLATTERNDEN PLEJADEN // HUSCHT WIE EIN FLEDERMÄUSE-SCHWARM DAHIN. // DER WAGEN ZIEHT AUF SEINEN DUNKLEN PFADEN // STUMM FORT UND OHNE LAST SEIT URBEGINN."
STEFAN HEYM

Als das 21. Jahrhundert, als Frühchen gleichsam, aus dem Ende des kurzen, gewalttätigen 20. Jahrhunderts entstand, machte ein Buch über seltsame Schleifen und Selbstreferenzialität von sich reden. In jenen Tagen in den späten 80ern, als sich das 20. Jahrhundert verabschiedete, wie es 1914 begonnen hatte, mit dem Kollaps einer Weltordnung, herrschte allerorten reges Interesse am ersten Buch eines amerikanischen Wissenschaftsphilosophen, Douglas R. Hofstadter mit dem Titel „Gödel, Escher, Bach".

Zum Personal dieses kurzweiligen Parforceritts durch die wissenschaftsphilosophischen Hervorbringungen der klassischen Moderne, gehörte eine Ameisenkolonie namens „Tante Colonia". Tante Colonia wurde eingeführt als Metapher auf das menschliche Hirn – als Ansammlung zellulärer Automaten (Ameisen oder Neuronen), welche zwar eine kommunikationsfähige Intelligenz hervorbringen, die sich ihrer Erzeugungsstruktur selbst aber nicht bewusst ist. Der bewusste Denkprozess ist entkoppelt von dem Wissen oder der Wahrnehmung um das Feuern von Neuronen, so wie Tante Colonia nicht weiß, dass sie letztlich aus Ameisen besteht.

Hofstadter konnte noch nicht wissen, wie sich, wenig später, das Internet zum globalen Nervenzentrum ausbilden würde, eine Entwicklung, die die fähigsten Köpfe der internationalen Forschergemeinde eben so wenig vorhergesehen haben, wie CIA, BND oder Mossad den Zusammenbruch des Ostblocks. Die späten 80er waren wohl keine besonders vorausschauende Zeit.

Heute, zwanzig Menschenjahre – und, wie man sagt, sieben mal so viele Internetjahre – später, habe selbst die älteren Netaktiven fast völlig vergessen, wie die Welt war vor dem Netz, ohne das Netz. Und nicht genug, nun kommt auch noch eine neue, junge, energiegeladenen Partei in die Welt und sie kommt, *quelle surprise,* aus dem Netz.

Die Piratenpartei in Deutschland wurde 2006 gegründet und bis zur Europawahl 2009 *de facto* nicht beachtet. Seitdem ist nichts mehr wie vorher und selbst der Hamburger Oberbürgermeister will von uns Piraten lernen. Da hat er sich aber ordentlich was vorgenommen.

Reden wir, im Zusammenhang mit einer politischen Partei, ausnahmsweise mal nicht über Politik. Reden wir über Kommunikation. Reden wir über Technik. Reden wir davon, wie sich undingliche, virtuelle Kommunikationskanäle und -orte durchdringen mit den Menschen, die sie benutzen, wenn nicht leben,

Reden wir darüber, wie Piraten miteinander umgehen und arbeiten. Da gibt es viel zu lernen, Herr von Beust, selbst ich kam zu neuen Einsichten und lernte neue Software kennen. Und ich mach dieses IT-Zeugs nun seit 38 Jahren.

Die Mutter aller piratischen Kommunikation ist das Wiki. Ein

Stück Software, das so grossartige Projekte wie die Wikipedia, Wikibooks oder Wikiqute ermöglicht hat. Am Anfang ist das leere Blatt... Dieser Anfang liegt lang zurück und das Piratenwiki mit seinen frei editierbaren Seiten und Einträgen beschreibt ziemlich jeden Punkt der Entwicklung und der Arbeit in der Partei. Auch wenn es mittlerweile das Gerücht gibt, dass der Mossad die Aktivierungscodes der israelischen Atomwaffen im Wiki der Piratenpartei versteckt, weil er sicher sei, dass sie dort niemand findet: Diese Meldung ist stark übertrieben. Tatsächlich findet sich – spätestens nach Nachfrage bei Wiki-Erfahreneren – alles wieder.

Der beste Freund des Wikis ist der Chat. Jaja, der „gute, alte" klassische Internet-Chat – hier zeigt sich, dass er zu unrecht als zeitstehlende, sinnfreie Schwatzbude verunglimpft wird. Nicht, dass es nicht seitenweise dadaistische Text-Artefakte zu bewundern gäbe, mitunter. Aber wenn's darauf ankommt, ist der Piratenchat ein Ort, an dem immer ein paar Gleichgesinnte anzutreffen sind, mit denen man gemeinsam Probleme lösen kann. Es hat dreier Piraten und dreier Tage, des Chats und des Wikis bedurft, um auf Grundlage des juristisch vor sich hin mäandrierenden deutschen Parteiengesetzes eine hieb- und stichfeste Satzung für die Wahl der Direktkandidaten zu bauen und wer Zeuge dieses beindruckenden Vorgangs war, weiß, wie funktionerende Kollaboration in der Gegenwart des 21. Jahrhunderts aussieht.

Und was man im Chat nicht besprechen kann, darüber muss man nicht schweigen. Wenn wichtige Besprechungen anstehen, dann versammeln sich alle Beteiligten im *mumble*. Und das ist nicht die Studentenkneipe neben dem Audimax. Mumble ist ein freier Konferenzserver mit Clients für jede Plattform, auf deutsch: Sie installieren ein Progämmchen namens Mumble auf ihrem Rechner und die großen Jungs, die schon im Tiefen

schwimmen können, haben schon längst einen eigenen
Mumble-Server installiert, auf einem Rechner irgendwo im
Internet. Die Adresse dieses Rechners teilt man nun seinem
Mumble-Progamm mit, verbindet seinen Rechner mit einem
Headset (neudeutsch für eine Kombination aus Kopfhörer und
Mikrofon) und kann schon mit seiner Peergroup den Lauf der
Dinge per Telefonkonferenz betrachten. Und manchmal
machen wir alles das gleichzeitig.

Und wenn alles getan ist dann gehen alle hinaus in die Welt
und teilen mit, was sie gerade grossartiges auf die Beine
gestellt haben, via Twitter, mit einem Tweetdeck,
vorzugsweise.

Wenn Sie mit Mitgliedern der Piratenpartei sprechen, dann
werden Sie immer wieder hören, dass Pragmatismus die
Grundlage aller Piratenpolitik sei. Das beschreibt es richtig,
aber nicht vollständig. Eine steigende Zahl von Texten und
Projekten, die die Politik der Piratenpartei beschreiben,
entstehen aus lösungsorientierten Schwarmintelligenzen
heraus, die sich dafür fallweise konstituieren. Und die Zellen
dieser Schwarmintelligenz sind weder Automaten noch
Ameisen. Es sind Menschen wie du und ich, intelligente
Menschen. Und der Schwarm weiß, woraus er besteht.

Schwarmintelligenz 2.0 halt...

Neues vom Mixxer

Manche Dinge sind genau so, wie sie eben sind, ohne dass irgend wer versuchte, das Maschinchen mit einer Warum -Frage aus dem Takt zu bringen. Ein paar Beispiele:

1. Um den Computer auszuschalten, muss man auf den Start-Knopf drücken, der sich unten links befindet.
2. Bei Flugzeugkatastrophen in Hollywoodfilmen ist es immer der Motor an der linken Tragfläche, der Feuer fängt.
3. Wenn in Deutschland eine Partei, nennen wir sie "X", eine gute Idee hat, dann darf man sicher sein, dass die Parteien "Y","Z" und "tangens alpha" unisono verkünden: Nicht mit uns. Und zwar egal wie gut die Idee war.
4. [Da fällt Ihnen selbst was ein. Jede Menge vermutlich.]

Hier scheint eine Semiotische Magie am Werke, die - geeignete Zeichen vorausgesetzt - an jedermanns Bewusstsein vorbei Fakten schafft ohne jeden Reflex, ohne jede Reflexion. In Wahlkampfzeiten, spätestens, und für bekennenden Demokraten immerfort, ist hier der Punkt 3 ein bleibendes Ärgernis.
Erzeugen wir uns vor unserem inneren Auge eine Liste der "Best of: Mit uns nicht" - Ideen. Da wüsste ich vor allem drei zu nennen:

1. Die Bierdeckel-Steuerreform
2. Die Bürgerversicherung
3. das Bedingungslose Grundeinkommen

Ich kann hier nicht für meine Partei sprechen, aber ich als Pirat
bin der Überzeugung, dass wir hier eine Superstringtheorie der
Gesellschaftsphysik zum Laufen bekämen, wenn wir diese drei
zu einem einheitlichen Gesamtkonzept vereinigen würden.
Die "Kirchhof-Reform" von dem Professor aus Heidelberg ist
großartig, wenn - ja, wenn! - sie aufkommensneutral daher
kommt. Als versteckte Steuersenkung hat der Souverän, der
Bürger, sie vor vier Jahren nicht gekauft. Zu recht. Erweitert
man das Modell um eine negative Progression, enthält es
bereits die Lösung zu Fall 3: Das Bedingungslose
Grundeinkommen tritt auf als negative Einkommenssteuer.
Fehlt der Schutz vor Krankheit, die Bürgerversicherung. Aber
wie man sehen kann, existiert ja bereits eine Formel, für
Grundeinkommen und Einkommenssteuer. Da einen Weg zu
finden, jedem Bürger das medizinisch Sinnvolle, wann immer
es braucht, gewährleisten zu können, ist nur noch Mathematik.
Okay, so einfach ist das alles nur, wenn es gelingt, die üblichen
Lobyisten, wegen Verdachts auf Störung des Rechtsfriedens,
vorbeugend in Haft zu nehmen, bis der Gesetzgebungsvorgang
abgewickelt ist. Schließlich gilt deutsches Recht in Berlin
genau so wie in Heilgendamm. Da hätte wenigstens eines von
Schäubles neuen Sicherheitsgesetzen einen sinnvollen Einsatz
gehabt.

Wenn sie dieses notorische "Mit uns nicht" satt haben: Bald ist
Wahltag. Wählen Sie pragmatisch. Wählen Sie Pragmatiker.

Mein Name ist John Martin Ungar und ich bin ein Pirat.

Piratenpartei: Ein Kurs über den Tag hinaus

Von <u>schwarzbart</u> 15.09.2009, 11.07 Uhr

Erfolg bringt mitunter Probleme mit, die dem Erfolglosen unvertraut sind. Und so gelingt es dieser Art von Problemen so ziemlich immer, die Erfolg-Habenden komplett zu überraschen.

Nehmen wir die Piratenpartei Deutschland: Drei Jahre lang trafen sich ein paar hundert politisch interessierte Netzbewohner dortselbst oder im gefährlichen "real life" und alles war gut. Oder zumindest wie gewohnt.

Dann kam die Vorratsdatenspeicherung. Dann kamen die Stopp-Schilder. Dann kam die Europawahl mit einem Achtungsergebnis, entstanden ohne jeden Wahlkampf. Und dann kamen die Leute.

Wir sind mittlerweile 8000 Piraten in Deutschland, nur in Deutschland - denn wir sind eine europäische Partei, mittlerweile schon fast eine Weltpartei mit Ablegern in Kanada, den USA und Australien.

Und darauf war niemand vorbereitet. Nun kommen die Probleme: Die Organisation reicht nicht vorn, nicht hinten, um Neumitglieder schnell aufnehmen, zählen und mit einem Mitgliedsausweis versehen zu können, die ehedem kleinen, gemütlichen Piratenstammtische füllen Hinterzimmer zum Bersten und das Programm wird ständig hinterfragt auf Stellen, die es - anscheinend - nicht gibt. Liebe Leute, das wird noch ein Weilchen so bleiben, so lange wie eben Wahlkampf angesagt ist und alle in Aktionen eingebunden sind.

Dennoch: Es wird auch beim Plakatieren, an den Infotischen und überall sonst, wo sich Piraten treffen, über Politik geredet und wir versuchen auf unseren vier Politikfeldern Freiheit, Demokratie, Bildung und Wissen Inhalten zu säen.

Reden wir über Freiheit und analysieren wir den Begriff mit Nietzsche: Wovon ist die Rede? Freiheit von? Oder Freiheit zu? Hartz 4 ist Freiheit, Freiheit von existenzieller Not. Ist es aber die richtige Freiheit an dieser Stelle? Ohne dass dies Parteiprogramm wäre, kann ich nach Gesprächen mit vielen Piraten sagen: Das sehen wir nicht so.

Es geht um die andere Freiheit - die "Freiheit zu...". Ein bedingungsloses Grundeinkommen ist die Freiheit zu einem selbstbestimmten Leben. Ohne Zwang, ohne Entmündigung. Es ist der ethische Gegenentwurf zu Hartz4 - auch wenn sich in Geld, in Zahlen ausgedrückt, kaum etwas änderte.

Dann wird doch niemand mehr arbeiten! sagen 50% der
Menschen auf der Straße, wenn man sie zu diesem Konzept
befragt. "Dann würde ICH nicht mehr arbeiten" sagen nur 2% -
da zeigt sich schon die Wahrheit. Und dann kommt die
karnevalistische Basisfrage "Wer soll das bezahlen?".

Die Antwort ist: Wir bezahlen es eh. Nur tun wir das mit einem
unfassbaren und komplett irrationalen Aufwand an Verwaltung.
Werfen wir den Ballast über Bord, trennen wir uns von diesem
Sozialsystem und bleiben wir beim Unvermeidlichen: Der
Einkommenssteuer. Darüber lässt sich eine bessere, friedlichere
Welt aufbauen, mit der Verschiebung der Progression auf die
andere Seite der Y-Achse. Wer Staatsbürger ist und nichts
verdient hat. erhält 800 Euro. Von dort aus gestalten wir einen
fließenden Übergang zum Spitzensatz hin. Der ist zur Zeit bei
45%, könnte aber - der Fairness halber auf 49% angehoben
werden.

Dieses Modell hat eine Reihe bestechender Vorzüge: Es ist
repressionsfrei, es baut massiv Bürokratie ab (die nur sinnlos
unser Geld verbrennt) und es ermutigt jeden, sinnvolle Arbeit
zu suchen. Leben kann man ja allemal. Und dieses System
bietet sich an, in eine Debatte über die Bürgerversicherung
einzusteigen, mit einer ähnlichen Progression im Tarif.

Erwarten Sie das Unerwartete. Die Piratenpartei hat das
Potential, dieses Land zu überraschen und - viel wichtiger - das
Potential, dieses Land zum Besseren zu verändern. Schließlich
sind so viele Software-Entwickler in unseren Rehen, dass man
zwar nicht immer und überall Sachkompetenz antrifft, dafür
aber etwas viel besseres, das, was jeden Software-Entwickler
seine Arbeit tun lässt:

Lösungskompetenz.

Majji-Majji - Grundeinkommen
Mal anders rum

Von <u>schwarzbart</u> 24.08.2009, 10.56 Uhr

Es gab eine Zeit, so vor 120 Jahren, da hieß Tansania noch Tanganjika und war eine deutsche Kolonie. Und wie's in Kolonien so zugeht, trafen deutsche Unternehmer Vorbereitungen, dortselbst tüchtig Geld zu scheffeln. Zu diesem edlen Zwecke begründeten sie Plantagen, für Kaffee und Kakao und was sonst noch zum Schiffstransport taugte. Und als die Plantagen begründet waren, machten sie sich auf die Suche nach Arbeitern.

Es gab aber keine. Die Begründung war so einfach wie niederschmetternd: Die Leute brauchten einfach kein Geld. Sie hatten ihre Hütten, sie hatten Ackerfläche und alles weitere wurde solide subsidiarisch getauscht. Wozu also Geld? Diese Frage beantworteten die Verwaltungsbeamten Allerhöchstdesselben in Berlin und Tanganjika* so:

Es wurde eine Hüttensteuer eingeführt, die mit Geld zu bezahlen war und zwar ausschließlich mit Geld. Da waren die freien Menschen von Tanganjika in die Lohnsklaverei gezwungen, denn wer nicht zahlte, wurde verhaftet, gefoltert und am Ende zur Zwangsarbeit verurteilt. Um den Druck noch weiter zu erhöhen, wurde die Hüttensteuer durch eine allgemeine Kopfsteuer ersetzt und wie durch Zauberhand erschienen ausreichend Bewerber für die verhasste, unfreie Plantagenarbeit.

Am Ende kam's zum großen Majji-Majji-Aufstand, einem tragischen Unterfangen, weil die lokalen Schamanen, von europäischer Physik zur Gänze unbeleckt, einen Zauber aussprachen, der die Kugeln der Kolonialherren in Wassertropfen verwandeln sollte.

Als der Rauch sich legte, waren viele Menschen tot, die Kolonialisten saßen fest im Sattel und die Schamanen hatten ein Glaubwürdigkeitsproblem.

So darf man sich das genaue Gegenteil von bedingungslosem Bürgergeld vorstellen: Eine Zwangssteuer, die in Zwangsarbeit mündet. Weil aber die Menschen in Deutschland überwiegend weder eine Hütte noch Ackerland besitzen, reicht zur Enteignung der Rechte an der eigenen Person Hartz 4.
Der Kapitalismus ist keine Marktwirtschaft. Er bedient sich Sklaven, die Geschäfte, die stattfinden, sind keine Geschäfte zwischen Freien und Gleichen sondern Lohnsklaverei statt Leibeigenschaft. Leibeigenschaft ist abgeschafft, denn sie war dem Kapitalisten zu viel Verantwortung. Man konnte sein Eigentum doch nicht einfach verhungern lassen...
Mit einem bedingungslosen Grundeinkommen gelangen wir zu einer sozialen und freien Marktwirtschaft ohne Sklaven. Wer in einer solchen Gesellschaft eine Arbeit zu vergeben hat, kann nicht darauf bauen, dass die Menschen gezwungen sind, für jeden Preis ihre Freiheit zu verkaufen. Er muss einen fairen Preis anbieten.
Bedingungsloses Grundeinkommen ist die *conditio sine qua non* einer modernen, freien Gesellschaft.

*An der inneren Einstellung von Staats- und anderen Verwaltungsbeamten scheint sich seitdem nur wenig geändert zu haben...

Immer schön den Grosskopferten um den Bart gehen

Von <u>schwarzbart</u> 16.08.2009, 11.28 Uhr

CSU-Politik wie eh und je. CDU/CSU sind deine besten Freunde, wenn du reich bist und deine ärgsten Feinde, wenn nicht. Dabei gilt [nicht reich != arm].
Wer etwas für das Land tun wollte, würde Kleinunternehmer und Freiberufler bis 24000 Euro Jahresumsatz komplett von der Pflicht zur Steuererklärung befreien und krankenversichern. Aber das würde natürlich den Druck vom arbeitsunwilligen Pack nehmen, den wir auf der anderen Seite mit HartzIV so schön aufgebaut haben. Der Mensch sei willfährig und ausbeutbar.

Wir von der Piratenpartei treten für die Freiheit ein, und wir meinen damit nicht nur eben die Freiheit von existenzieller Not á la H-IV, wir meinen die Freiheit zu einem selbstbestimmten Leben, mit einem bedingungslosen Bürgergeld.
Ich selbst sehe dieses Bürgergeld aber eher im Sinne einer negativen Progression, so dass jeder, der dem Finanzamt mitteilt, dass er diesen Monat kein Einkommen hatte, automatisch den Höchstbetrag erhält - oder entsprechend weniger, wenn man ein wenig verdient hat, zum Beispiel:

Null Einkommen = 800 Euro Bürgergeld
200 € Einkommen = 800 Euro Bürgergeld
400 € Einkommen = 700 Euro Bürgergeld
800 € Einkommen = 400 Euro Bürgergeld
1200 € Einkommen = 0 Euro Bürgergeld

Wie gesagt, nur ein Beispiel. Der Vorteil ist: von 1200 Euro kann man ganz gut leben, keine großen Sprünge, aber auch kein Existenzminimum,. Kindergeld ist unnötig, weil Kinder sowieso Bürgergeld kriegen. Wer gut verdient, kriegt nix, sondern zahlt Steuern.

Abgeschafft werden könnten: Sozialamt (in großen Teilen), Wohnungsamt, ARGE, staatliche Arbeitslosenversicherung, staatliche Rentenversicherung, die letzten beiden sind eine Angelegenheit der Tarifparteien und steuerlich begünstigter Förderpakete (wie Riester, nur richtig (=besser).

Der letzte Schritt wäre, der Wahrheit ins Gesicht zu schauen und das Gesundheitssystem auf Steuerfinanzierung umzuschalten. So, und nur so, kann gewährleistet werden, dass jeder Bürger ausreichend geschützt ist. Wer eine Daunendecke und den Chefarzt will: Das ist ein freies Land, auch für Private Krankenversicherungen. Es ist nicht länger vermittelbar, dem Bürger das Geld für 160 komplette KV-Vorstände aus der Tasche zu ziehen und gleichzeitig die medizinischen Leistungen (um die es früher **eigentlich** ging) ständig zu kürzen.

Und nächstes Mal, liebe Kinder, erzählt euch der Onkel mit der Augenklappe, was er so über eure Erziehung denkt und warum er auch deshalb in der Piratenpartei ist. Vorausgesetzt, er liegt nicht betrunken auf dem Achterdeck und schnarcht so laut, dass selbst die Möwen Reissaus nehmen.

Wenn Innenminister ganz feucht träumen

Von <u>schwarzbart</u> 08.07.2009, 21.03 Uhr

Mitunter wollen Dinge nicht geschehen, die wir als selbstverständlich erachten - eine freundliche Behandlung bei Behörden als Beispiel - und auf der anderen Seite sehen wir Vorgänge sich realisieren, von denen wir zu hoffen gewagt hatten, dass wir sie nach außerhalb unserer Fantasie verbannen dürften. Solch eine Angelegenheit ereignet sich vor unseren staunenden Augen, in einem kleinen Königreich unterhalb des Meeresspiegels.
Wir wir aus der schönen, traditionsreichen Stadt Den Haag hören müssen, werden dort seit jüngstem, genauer: seit Mitte April, **sämtliche** Wohnungen verschiedener Stadtteile von Amts wegen und gegebenenfalls mit Zwang besichtigt.

Ein Auszug der dortigen Durchführungsverordnung, im englischen Original:

In The Hague, we want pleasant and safe neighborhoods. For this reason, we are inspecting all homes in your neighborhood. For each address, we will see if the rules and regulations are met.

All rooms of the residence are subject to this inspection. The cooperation of all residents is therefore a necessity.

We'd like to point out that this is not a voluntary inspection. You are obliged to cooperate. If you refuse to cooperate , we'd like to point out that we are legally entitled to enter the premises with a legal warrant and without the cooperation of the owner and/or occupant(s).

Nachgeschoben wurde dann noch die Begründung, dass doch alles nur zum Besten der Bewohner sei, schließlich ginge es vorrangig um die Überprüfung der Einhaltung von Brandschutzvorschriften.
Ja nee, is klar.
Der spannende Teil der Show ist dann nämlich - ganz brandschutzvorschriftenfrei - der Passus:

If an illegal situation is found during the investigation, you will receive notice about further proceedings as soon as possible.

Aha. Wir durchsuchen Ihre Wohnung nach illegalen Nutzpflanzen, Sozialhilfeverstösse und Raubkopien. Und im Sinne einer freundlichen und sicheren Nachbarschaft machen wir das, mitten in Europa, ohne Richter, ohne Beschluss und nicht einmal auf Verdacht, sondern flächendeckend, stadtviertelweise.

Liebe Leser! Gefällt ihnen so was? Leiden Sie unter Einsamkeit? Langeweile? Oder ist ihr Mariuana unauffindbar? Da wissen wir was: Machen Sie Ihr Kreuz am 27.9.2009 bei einer großen Volkspartei Ihrer Wahl. Dann kommen die freundlichen Menschen vom Ordnungsamt schon bald zu Ihnen - vorausgesetzt, sie wohnen *downtown* und nicht in einem Villenviertel.
Wenn Sie nicht in der Unterstadt hausen, bleiben Sie allerdings allein. Oder sie ordern ein paar ukrainische Call-Girls. Die bringen auch gerne Drogen mit. Ironie Ende.

Wir würden so gern mal ein bisschen Werbung für die
Piratenpartei machen. Aber immer kommen uns andere zuvor
und machen das für uns. Auch gut.

Weltwirtschaftskrise: Wir reiten alle miteinander einen toten Gaul

Von schwarzbart 03.05.2009, 17.11 Uhr

20% der aktuellen Weltbevölkerung reichen aus, um alle mit Nahrung, Wohnraum und den Annehmlichkeiten der Konsumgesellschaft zu versorgen. Und bei fortschreitender Automatisierung werden eben diese 20% Beschäftigte noch bleiben und zwar schon bald. Sähen wir unsere Welt mit athenischen Augen, so fänden wir nix dabei, weil Arbeit eine Angelegenheit von Sklaven ist, und seien sie robotisch. Wir hören aber nicht auf, die Welt durch die Augen von Sklaven zu sehen, die um ihren Seinsgrund fürchten. Das ist, nun bitte wirklich, komplett bescheuert.

Natürlich wird sich eine friedliche und zivilisierte Welt nicht konstituieren, wenn die Maschinen, die die dazu benötigten Dinge des Lebens herstellen, sich in den Händen Weniger befinden, die dann alle anderen in Schuldknechtschaft nehmen, dafür, dass sie nicht verhungern oder erfrieren. Der Kapitalismus wird durch den technischen Fortschritt so obsolet wie der Stalinismus durch den (schmalen) demokratischen Fortschritt der Post-WK-2-Periode. Die Frage ist nur, ob er so friedlich das Feld räumt wie letzterer...

Arbeitslosigkeit muss endlich verstanden werden als natürliches Ziel technischer Evolution. Unsere Zeitgenossen im Bismarck-Archipel, in Neu-Guinea oder im Inneren Borneos leben in Stammesgesellschaften auf Steinzeit-Niveau und arbeiten zum Erhalt ihrer selbst, ihrer Kinder und des stammeseigenen Langhauses im Schnitt 15 Wochenstunden. Kann man es wirklich Fortschritt nennen, dass wir in unserer technisierten Welt, um einigermaßen in der Mitte der Gesellschaft zu leben, 40 Stunden pro Woche und mehr aufbringen müssen. Mit Logik geht das nicht.

Willkommen in der Debatte, Herr Müntefering!

Von schwarzbart 13.04.2009, 17.07 Uhr

Und es hat ja nur 19 Jahre gedauert... Aber jetzt ist der Vorzeige - Sauerländer auf dem SPD-Thron auch so weit: Wir brauchen eine gesamtdeutsche Verfassung. Jetzt muss man's "nur noch" machen.

Das Ende des Grundgesetzes wird sicher auch das Ende der unanfechtbaren Parteienmacht, denn es ist nicht anzunehmen, dass noch eine deutsche Verfassung ohne Direkte Demokratie daherkommen wird. Schließlich muss das deutsche Volk über eine solche Verfassung abstimmen.

Was soll überdacht werden an einer solchen Verfassung, der Verfassung einer 3. deutschen Republik, was ändern, was nachbessern, was ergänzen?

THROUGH THE PAST DARKLY

Von <u>schwarzbart</u> 07.04.2009, 08.17 Uhr

aus: Die simple Kunst des Reisens - Thailand und Kambodscha
ISBN-13: 978-3837072266
mit freundlicher Genehmigung des Autors (mir selbst)

Wie sich die Muster ähneln.! Während ich in Kambodscha unterwegs war und mit den Menschen hier redete über ihre aktuelle Situation, über die Vergangenheit und wie alles so kommen konnte, waren die Hauptverursacher des ganzen Übels schon wieder auf einem Kriegszug, diesmal gegen den Irak. Und wie sich Monate später herausstellte – während ich zu Hause saß und dies hier schrieb – haben sie's wieder versemmelt. Hoffentlich nicht so gründlich wie in Kambodscha ...
Aber von Anfang an : Nachdem die religiöse und wirtschaftliche Kolonisierung des Königreichs Annam, am Mekong – Delta gelegen, auf dem Boden des heutigen Vietnam, schon eine Weile lief, entschied man 1862 in Paris das Feilschen und Bieten mit Soldaten abzusichern. Wahrscheinlich gelang die Übernahme dieses weit entfernten Territoriums nur so leicht, weil der König von Annam darin die beste Chance sah, die einzige Alternative zu verhindern; die voran schreitende Assimilierung durch das Königreich China. Zu diesem Zeitpunkt hatte Kambodscha praktisch aufgehört, zu existieren. Nach einer Folge verheerender Niederlagen der Khmer – Könige gegen die Armeen des jeweiligen Königs von Siam, stand das ganze Land unter der Kontrolle der Thais. Ein Jahr später gab Khmer- König Norodom, bedrängt von den sich mit der Oberherrschaft über Kambodscha abwechselnden Thai

und Vietnamesen, dem französischen Druck nach und schloß mit Frankreich einen Freundschaftsvertrag, der Kambodscha zum französischen Protektorat machte. Siam, von Großbritannien unterstützt, erkannte diesen Vertrag aber nicht an und vereinbarte Ende 1863 in einem Geheimabkommen mit Norodom (der mit Bangkok nicht brechen wollte), dass Kambodscha der alleinigen Herrschaft Siams unterstellt wird. Die Franzosen wären keine europäische Kolonialmacht gewesen, wenn sie sich um Vertragsvereinbarungen zwischen irgendwelchen Hottentottenvölkern auch nur einen Deut geschert hätten. Vielmehr schickten sie den Diplomaten Aubaret nach Siam, um ihren Anspruch auf Kambodscha mit einer Abtretungsurkunde des Königs von Siam abzusegnen. Aubaret hatte gute Argumente für seine Forderungen, insbesondere ein schwer bewaffnetes, gepanzertes Kanonenboot, das, purer Zufall ganz sicher, auf dem Fluss direkt in der Höhe des Königspalastes parkte. Der König war beindruckt, aber nicht genug beindruckt. Die Zugeständnisse, die Rama V Chulalongkorn machte, reichten den Franzosen keinesfalls weit genug. So wurde der Vertrag niemals ratifiziert. Was soll's auch, eine ordentliche Kolonisierung geht auch ohne.

Und nachdem sich 1883 der Kaiser von Huè den Franzosen ergeben hatte und der Seekrieg von Tonking gegen die Chinesen gewonnen war, fanden die Frenchs, nun sei aber Schluss mit lustig und mit dem Status als Protektorat sowieso. Sie brachten Vietnam, Kambodscha und den grössten Teil von Laos unter ihre militärische Kontrolle. Es gab noch einmal einen Aufstand, 1886 – 1888, dann war Ruhe im Lande, man aß Croissants zum Frühstück und zahlte Steuern an irgend einen Louis in Paris. So hat sie's gern, die Kolonialmacht und so blieb es auch beinahe. Natürlich gab es, wie überall auf der Welt, die üblichen Verdächtigen, die mit der wirren Idee im Kopf, nicht minderwertig zu sein und das Recht auf Freiheit

und Selbstbestimmung zu haben. Aber das ist ja das Schöne an solchen Unruhestiftern : Man kann sie töten. Und das tat man dann auch; und zwar ausgiebig. Mit dem Zweiten Weltkrieg wurde die Lage dann unübersichtlich. Es gab eine französische Regierung von Hitlers Gnaden, Vichy, es gab eine Invasion der Japaner und als der Tenno im August 45 die Kapitulatioserklärung unterschrieb und der Zweite Weltkrieg endlich vorbei war, ging es erst richtig rund am Mekong. Noch im September erklärte sich Laos unter seinem Prinzen Phetsarath für unabhängig und Ho Chi Minh rief die Demokratische Republik Vietnam aus. Und in Kambodscha installierten die Franzosen den jungen Prinzen Norodom Sihanouk als Herrscher, ausgestattet mit einem Vertragswerk, das von Kambodscha aus so etwas wie ein französisches Commonwealth begründen sollte. Das ging gründlich daneben und eine friedliche Übergangsphase für die gesammte Region gab es erst mit den Genfer Verträgen von 1954, nach der französischen Niederlage in Dien Bien Phu. Prinz Norodom Sihanouk behielt die Kontrolle über sein Land, Vietnam wurde geteilt und der Sieger von Diem Bien Phu, Ho Chi Minh gründete erneut die DVR. Allerdings wechselten sich noch lange Zeit das Königtum und die Pathet Lao an der Regierung von Laos ab, nicht ohne immer wieder die Waffen sprechen zu lassen.
In das entstandene Machtvakuum hinein strömten nun die Militärischen Berater der USA. Man kann sagen, dass sie 1955 die Franzosen abgelöst haben im Königreich Annam. Allerdings waren die Amerikaner mittlerweile am finstersten Punkt ihrer Aussenpolitik angekommen, einer Position auf der sie noch viel zu lange bleiben sollten. In der zweiten Hälfte der Fünfziger hätten sie sich wahrscheinlich auch mit Hitler verbündet, wenn er nur glaubhaft gemacht hätte, dass er überzeugter Antikommunist sei. Und so ist es nicht weiter verwunderlich, dass die Amerikaner den faschistischen Terror

des Diem – Regimes ohne Wenn und Aber unterstützten. Die
hatten sich beim Abgang der Franzosen an die Macht geputscht
und sollten für sehr lange die Kontrolle behalten.
Es kam dann so, wie man es kennt. Der Terror der Diems
stärkte die Vietcong, das stärkte die militärische Präsenz der
USA und - zack – stand ganz Indochina in Flammen. Zunächst
aber beseitigte Kennedy seinen „Verbündeten" Diem durch
einen Militärputsch. Nur waren die Militärjuntas, die den
Diems nun folgten, keinesfalls besser und schon Mitte der
Sechziger kontrollierte der Vietcong grosse Teile Südvietnams
außerhalb der Städte.
Im Jahr 1968 begann der Vietcong, unterstützt von regulären
Einheiten der nordvietnamesischen Armee während der
buddhistischen Neujahrsfeiertage mit der sogenannten TET –
Offensive. Sie fügten zwar den amerikanischen Einheiten
schwere Verluste zu, in der Folge wurde aber der Vietcong
zerschlagen und seinen Platz nahm nun die Armee
Nordvietnams ein. Um den Nordvietnamesen den Nachschub
zu erschweren, liess Richard Nixon (I am not a crook) die bis
dato friedlichen Länder Kambodscha und Laos bombardieren.
Die Generäle in Saigon waren nicht die einzigen Figuren im
Poltischen Marionettentheater der USA. Nachdem sie schon
1966 den rechtslastigen General Lon Nol auf den Stuhl des
Premierministers von Kambodscha bugsiert hatten, ließen sie
ihn am 18. März 1970 ganz von der Kette. Er entmachtete den
Prinzen Sihanouk und öffnete willfährig sein Land den
amerikanischen Kriegsbemühungen. Damit schaffte er für Pol
Pot den dringend benötigten Zulauf , so dass die Khmer Rouge,
in den Fünfzigern von kambodschanischen Studenten in Paris
ins Leben gerufen, mehr und mehr erstarkten und schließlich
am 10. April 1975 die Macht übernehmen. Die Folgen sind
bekannt. Trotzdem ist noch immer der Film „Killing Fields" zu
diesem Thema dringend zu empfehlen.
Nachdem Pol Pots durchgeknallte Steinzeitkommunisten zwei

Millionen Menschen abgeschlachtet hatten, waren sie dann
auch noch blöd genug, das vereinigte Vietnam in einer seiner
Südprovinzen anzugreifen. Das löste einen heftigen
Gegenschlag aus und kurz darauf, am 7. Januar 1979 war dann
erst einmal Schluss mit mordlustig. Vietnamesische Truppen
besetzten Pnom Penh und jagten Pol Pot und Konsorten davon.
Damit hatte das Wüten der Roten Khmer ein Ende, aber ein
zwanzig Jahre währender Bürgerkrieg nahm seinen Anfang.
Obwohl die Welt mit Entsetzen dem Treiben der
Khmerregierung zugesehen hatte, setzen sich die Amerikaner
in der UNO durch und noch zwölf Jahre lang war das Pol Pot –
Regime der offizielle Vertreter Kambodschas und nicht der von
den Vietnamesen eingesetzte Heng Samrin. Schließlich weiß
man in Washington genau, wer die Guten sind und Vietnam
gehört ganz sicher nicht dazu. In den Achtzigern ging der
Bürgerkrieg munter weiter, mal war Sihanouk Regierungschef
oder Prinzregent, mal nicht und die Khmer verschanzten sich in
ihrem alten Operationsgebiet, der nördlichen Grenze zu
Thailand. In der Folge begannen die Kombattanten, das Land
flächendeckend, aber eben nicht systematisch zu verminen.
Insgesamt wurden etwa zehn Millionen Landminen verstreut,
man könnte fast sagen, eine pro Kopf der Bevölkerung. Es
vergeht kein Tag im Lande, an dem nicht jemand durch diese
Drecksdinger getötet oder verstümmelt wird. So eine Mine
kostet übrigens fünf Euro, ihre Beseitigung circa 1000 Euro.
Da hat die internationale Waffenindustrie also fünfzig
Millionen Umsatz gemacht und für zehn Milliarden Schaden
angerichtet. Das wäre ja mal eine Untersuchung durch den
Internationalen Gerichtshof wert. Aber mit dem Gericht in Den
Haag haben unsere großen Verbündeten in Washington eben so
wenig zu tun wie mit der UN – Charta zur Ächtung von
Landminen. Die wissen schon, warum...
Nett ist ja auch, dass die Hersteller dieser Killerutensilien
gegen ein Mehrfaches in Geld auch die Räumgeräte herstellen

und anbieten, mit denen der Dreck dann wieder entsorgt wird.
Da stehen die üblichen Verdächtigen dann bei den UN –
Institutionen Schlange und preisen ihre „humanistischen"
Technologien an. Offensichtlich lassen sich auf diesem kleinen
Planeten immer noch grossartige Profite machen – von
gewissenlosen, emotional vollständig verrohten
Präanthropoiden; versteht sich. Menschen tun so etwas nicht.
Punkt. In Deutschland sind übrigens Dynamit Nobel und
Daimler – Chrysler Marktführer im Geschäft mit den
Tötungsmaschinen und deren Beseitigung. Das gibt dem
Friedensnobelpreis doch gleich ein anderes Gesicht...
Während also die Khmer und die – vietnamesisch gestützte -
Regierung in Pnom Penh im Namen des Volkes dessen Land
verminte, sah die Weltgemeinschaft erst einmal zu. Kostet nix,
und wer kennt schon jemanden in Kambodscha... Als zuletzt
Hun Sen, der Anführer der Kommunistischen Partei
Kambodschas (CPP), die Regierung übernahm, kam es zu
einem Friedensschluss im Januar 1991, ausgehandelt und
unterzeichnet in Paris. Wie zu erwarten, schätzten die Khmer
Rouge den Wert von Verträgen eben so hoch ein, wie den eines
Menschenlebens und so gab es die Fassade eines formellen
Friedens, hinter der der Bürgerkrieg munter weiter ging.
So kam es dann im Februar 1992 zur UNTAC – Mission der
UNO und in der Folge dazu, dass man bis auf den heutigen Tag
als deutscher Traveller im Lande sehr viel Sympathie erfährt.
Das war nämlich der erste Auslandseinsatz der Bundeswehr
seit Gründung der Republik. Hundertfünfzig Sanitätssoldaten
wurden von Mai 92 bis November 93 in Kambodscha
stationiert und behandelten über 14 000 Menschen. Und das in
einer Umgebung, in der finsterste Anarchie herrschte, Familien
sich gegenseitig abschlachteten für einen Dollar oder ein paar
Fische, während in der Nacht schwer bewaffnete
Plündererhorden mit Pick – Up – Trucks das ganze Land
terrorisierten. Nach einem halben Jahrhundert andauernder

Gewalt hatte sich das Land sozial atomisiert, der Bürgerkrieg
war zu einem Krieg Aller gegen Alle geworden. Man konnte
offensichtlich von zuhause, vom sicheren Deutschland aus,
nicht ermessen, welchen zivilisierenden Effekt uniformierte
Ärzte und Sanitäter haben können. Es wird Ihnen noch heute
jeden Tag jemand danken, für das, was Deutschland für ihn und
sein Land getan hat, sobald Sie sich als Deutscher vorstellen.
Von uns aus, damals, sah das nach nichts aus, aber im Ergebnis
erscheint es sehr viel größer Das sollte Mut machen, sich auch
weiterhin und mit dem Einsatz der Bundeswehr, für die
Menschenrechte einzusetzen.
Leider war nicht der gesamte UNTAC – Einsatz so hilfreich.
Viel mehr ist es so, dass mit diesem Einsatz, nach
Kolonisierung, Bombardierung durch die USA, Krieg, Khmer
– Regime und Bürgerkrieg nun auch noch die letzte
verbliebene Geißel der Moderne ins Land kam. Da speziell die
afrikanischen Truppenteile der UNO – Mission offenbar nichts
Eiligeres zu tun hatten, als sich kreuz und quer durchs
ausgeblutete Land zu vögeln, hat Kambodscha in kürzester Zeit
seinen Weg gefunden in die Spitzengruppe der Länder mit
AIDS – Infektionen, und zwar praktisch von Null. Vielen Dank
an die Jungens aus Nigeria, Kamerun, Ghana, Kenia und
Senegal. Es wäre schön, wenn die erste Lehre aus dem UNTAC
– Einsatz und seine Folgen ein obligatorischer AIDS – Test für
alle Teilnehmer von UN – Missionen wäre.
Zwei „freie Wahlen" später ist Hun Sen immer noch
Premierminister; sein Wahlmotto ist einfach zu überzeugend :
Ich kriege die Mehrheit oder es gibt einen neuen Bürgerkrieg.
Dennoch hat sich das Land auf den Weg in die Zivilisierung
begeben, es gibt eine allgemeine Schulpflicht, die auch
ziemlich ernst genommen wird, es gibt eine medizinische
Grundversorgung, die familiäre Gewalt ist auf dem Rückzug
und die marodierenden Banden sind entwaffnet. Zehn Jahre
nach dem Ende des UNO – Einsatzes und fünf Jahre nach dem

Tod von Pol Pot und der endgültigen Kapitulation der Roten Khmer findet eine Annäherung an die Normalität statt. Der gewichtigste Wermutstropfen in der aktuellen Lage ist der systematische Handel mit Kindersklaven, die üblicherweise in Bangkok als Hauspersonal oder als Frischfleisch in thailändischen Bordellen enden.

Kambodscha ist in der Folge seiner Geschichte eines der „jüngsten" Länder der Welt, die Hälfte der Bevölkerung ist unter 17, zwei Drittel sind unter 25 Jahre alt, und es macht sich bei den Jungen eine Stimmung breit, die wir aus dem Deutschland der späten Sechziger noch gut erinnern : Trau Keinem über dreißig; auch wenn kaum jemand da ist, dem man misstrauen könnte, ältere Menschen sind wirklich eine Ausnahmeerscheinung. So sind die jungen Kambodschaner gezwungen, sich ihre ganze Welt komplett neu zu erfinden, jeden Tag. Und dabei helfen ihnen MTV, CNN, BBC Sportnews und der BBC Discovery Channel, in der Tat die meist gesehenen Sender im Lande. Alles via Satellit und wenn's geht, rund um die Uhr.

Dr. Seltsam macht neuerdings soziologische Feldversuche, wie es scheint.

Cross Border Leasing - Die Spur des Tafelsilbers

Von schwarzbart 17.03.2009, 18.15 Uhr

Da nun mal geschehen ist, was geschehen ist, könnten wir uns zurücklehnen in unseren Sesseln und das Ganze in Stedler/Waldorf - Manier kommentieren:

"Das wird immer so weiter gehen und dabei aussschliesslich schlimmer werden"

"Stimmt. Aber die gute Nachricht ist: Es gibt keine Wiedergeburt. Hehehe"

Oder wir denken darüber nach, wie wir aus der Zuschauerrolle heraus kommen. Zum Generalstreik aufrufen und eine demokratische Verfassung erzwingen - das dürfen die Deutschen nicht, das entfällt bis auf Weiteres. Aber: Sind denn alle Anwälte so, wie wir denken, dass Anwälte eben sind - oder gibt noch welche, die in Kennedy-scher Art bereit sind, etwas für ihr Land zu tun? Dann sollten wir diese Leute suchen und mit ihnen in Erfahrung bringen, ob diese 1000-Seiten-Vertragsabnormitäten so Gemeindeordnungs - unkonform sind, wie wir vermuten müssen. Wenn ja, also höchstwahrscheinlich, wäre es im nächsten Schritt an der Zeit, die zuständigen Staatsanwaltschaften anzuklagen wegen Strafvereitlung im Amt.
Wenn das alles nix wird, dann wäre es für jeden aufrechten Bürger eine Ehre zu dieser Zeit, in diesem Land verhaftet zu werden, weil er für Demokratie auf die Strasse geht.

Bis dahin wären Vorschläge schön, ernst zu nehmende
Vorschläge, die zu Handlungen führen können.
Kommunikative Logistik im Netz stellt kein Problem dar, von
meiner Warte.

Wahlkampf ist's

Von schwarzbart 04.03.2009, 10.46 Uhr

Wer jetzt noch glaubt, dem ist nicht mehr zu helfen
Wer ohne Hoffnung ist, der find't auch keine mehr

Das ist die Zeit im politischen Kalender, wo die Masken fallen
und die sogenannten "demokratischen Parteien" offen nur mehr
für ihre eigene Macht kämpfen, Macht, die ihnen nicht zusteht,
weil sie Partei sind und nicht Souverän - jedenfalls, wenn dies
hier eine Demokratie wäre.
Aber so ist es nicht in Deutschland und deshalb kriegt der
Bürger, der Souverän, Honig ins Ohr, Sand in die Augen und
wenn das alles nicht hilft, einen Tritt zwischen die Beine. Weiß
Al-Quaida eigentlich dass Stasi-Schäuble sie zu seinen
politischen Unterstützern zählt?
Dennoch: Wir alle können etwas tun: Sehen wir uns die
Abgeordneten an, die wir in unserem Wahlkreis wählen sollen
und dann gehen wir zu Abgeordnetenwatch.de und fragen die
Herrschaften, wie sie zur Demokratie stehen, zu richtiger
Demokratie, direkter Demokratie. Dann werden wir sehen, wer
wählbar ist und wer nicht.
Schön wäre es, besonders klare, bezeichnende Antworten von
Politikern hier im Rahmen der Kommentarfunktion zu
veröffentlichen.

Kunst und Geld

Von schwarzbart 20.02.2009, 11.02 Uhr

Wenn wir den aktuellen Prozess gegen die schwedische *filesharing* -Plattform "The Pirate Bay" verfolgen, so sehen wir, dass uns ein weiteres Mal der Versuch untergeschoben wird, uns glauben zu machen, dass es um Kunst, um Künstler und um deren Rechte geht. Dieser Eindruck ist falsch. Es geht der globalen Medienindustrie ausschließlich um Macht und Kontrolle.

Die haben die Herrschaften schon einmal verloren, 1962, als ein Spezi von Decca die Beatles ablehnte. In der Folge, und von der Angst verfolgt, der nächste zu sein, der so einen Patzer landet, kam es zur kreativen Explosion der 60er&70er. In den 80ern hat die Industrie sich ihre Kontrolle zurückerobert, weil sich zeigte, dass das Geschäft mit Musik von richtigen Künstlern sich nicht so durchstrukturieren liess wie eine Fabrik für Fischkonserven. Diese Typen machten die Musik, die sie selbst wollten oder starben einfach oder äusserten sich - in aus Industrie-Sicht falscher Weise - zum Thema Politik. Alles in allem nicht hinnehmbar. Also wurde Dudelmusik mit Gehopse zum Standard erklärt und alle Musik seitdem ist nur mehr eine kostenpflichtige Verspottung menschlicher Intelligenz, in Szene gesetzt von talentfreier Musiker-Darstellern - was dann bei Milli Vanilli zum dadaistischen Gesamtkunstwerk ausartete: Endlich hatte man einen Weg gefunden, mit Müll Geld zu verdienen, und insbesondere ohne diese lästigen Künstler über Gebühr beteiligen zu müssen.

Bei so einem Geschäftsmodell war klar, dass die neuen Medien eine Bedrohung darstellen. Zum einen musste die nicht oder kaum mündige Zielkundschaft ihr Taschengeld auch noch für

Handy-Gebühren und Computerspiele ausgeben, zum anderen
waren die produzierten Klangmüllhalden bar jedes Edelsteins,
der es wert gewesen wäre, gekauft zu werden. Letztlich gehört
der Prozess gegen TPB zu den letzten Zuckungen eines
verendenden Sauriers, es ist nur noch eine Frage der Zeit, bis
Amazon und Co nicht nur selbstverlegte Bücher, sondern auch
im großen Stil selbstverlegte CDs anbieten.
Weil es anderswo auch nicht anders ist, kann ich jedem nur
raten: Der Selbstverlag im Internet ist die technische und
finanzielle Freiheit der Kunst und der Künstler. denn wenn die
Industrie von "Urheberrecht" redet, meint sie Rechte von
Künstlern, die sie sich zwangsweise aneignen konnte, über
Jahrzehnte, mit ihrem Monopol auf Veröffentlichungstechnik.
Das erinnert ein bisschen an Schutzgelderpressung, finden Sie
nicht?
Ein Beispiel aus einer anderen Branche: Sie schreiben ein
Buch, 300 Seiten und ein Verlag bringt es heraus: Das Buch
kostet 35 Euro im Handel und Sie bekommen davon ca 1,80
Euro. Verlegen sie das Buch selbst, bei lulu.com oder BoD zum
Beispiel, kostet Sie die ISBN einmalig ca. 40 Euro, das Buch
kostet im Laden 25 Euro und Sie verdienen daran 11 Euro.
CDs, mit Case und Booklet kosten in der Herstellung einen
Bruchteil dessen, was ein Buch kostet. Selbst bei einem Preis
von - sagen wir - 8 Euro pro CD sollte der Künstler mindestens
die Hälfte erhalten. Alles klar?

Kurze Nachbemerkung: Natürlich kaufe ich all meine Jazz-
CDs.

Liebe Gemeinde

Von <u>schwarzbart</u> 20.12.2008, 17.55 Uhr

Der Sinn eurer kläglichen Existenz ist, wie ihr alle verinnerlicht habt, der Markt. Der Markt ist der Gott, dem ihr zu dienen habt, die Uhr und die Geldbörse sind seine heiligen Zeichen hinieden. Ihr alle seid nichts, es sei denn, der Markt ist. Aber es droht euch höllisches Ungemach, der Markt, gepriesen sei sein Name, ist in der Krise und ihr mit ihm. Nun endlich könnt ihr euch eurer schieren Existenz als würdig erweisen, indem ihr hingeht in alle Welt und kauft, was das Zeug hält.

Löset auf eure Sparbücher!

Empfanget das heilige Sakrament des Konsumentenkredit und dann gehet und kauft.

Raucht und sauft, was das Zeug hält!

Kauft haufenweise Krawatten!

Nicht zögern und zweifeln sollt ihr beim Kauf eines Viert-Fernsehers noch bei der Anschaffung eines Dritt-Computers, schaut nicht links oder rechts, vertraut der Weisheit des Marktes und ihr werdet selig im Markt. Wer aber zweifelt und zögert, der wird in einer Hölle schmoren, die schrecklich ist und gepeinigt werden mit so unaussprechlichen Qualen wie Sinn oder Muße. So spricht Gott Mammon, also unterwerfet euch ohne Nachdenken.
Amen.

Ähnlichkeiten mit Predigten aus anderen Religionen sind möglicherweise zufällig. Möglicherweise.

Wirtschaft oder Wissenschaft

Von schwarzbart 17.12.2008, 14.40 Uhr

Eine kleine, erhellende Anekdote vorab sei mir gestattet:
Murray Gell Mann, Physiker, Nobelpreisträger, gründete mit
einigen anderen Mitstreitern das Institute for complexity in
Phoenix, Arizona. Und in einer der Gründungsveranstaltungen
des Instituts erklärten sich nacheinander die Physiker und die
Wirtschaftswissenschaftler ihre jeweilige Welt. Die Physiker
begannen, danach füllten die WiWi-Strategen mehrere Tage
lang viele Tafeln immer wieder mit Formeln. Als der Vortrag
endlich endete, stand Gell Mann in der ersten Reihe auf, liess
seinen Blick noch mal über all diese Tafeln mit all diesen
Formeln wandern und sagte dann:
"Und daran glaubt ihr also?"

Besser kann man die Verfasstheit der
Wirtschaftswissenschaften nicht auf den Punkt bringen: Ob
man vier Evangelien braucht, um seine Dogmen zu
manifestieren, ob man astronomische Formeln heranzieht und
die Sternkreiszeichen oder alle Mathematik der Welt: Dogma
bleibt Dogma und ist nicht Wissenschaft.
Wissenschaft zeichnet sich darin aus, dass sie Modelle
hervorbringt, die uns in die Lage versetzen, Vorhersagen zu
machen, die Zukunft betreffend. Seit Mark Twain weiß jeder:
Das ist schwierig. Vor 40 Jahren waren die Vorhersagen der
Meteorologen kaum mehr wert als eine eigener Blick aus dem
Fenster und der Wetterbericht bestenfalls für Bergleute
interessant. Heute machen die Herrschaften ordentliche
Prognosen über sieben Tage hinweg. Wären die WiWis dazu in
der Lage, gäbe es keine Lehre mehr an den Unis, weil alle auf

Bora Bora in der Sonne lägen und die Früchte ihrer
Erkenntnisse geniessen würden.

Betrachten wir die Angelegenheit realistisch: Hätten wir ein
Modell, das beschreibt, wie ein DINGs - nennen wir es
Flugzeug - durch die Luft fliegt und manövriert werden kann,
aber nichts, was uns beschreibt, wie das DINGs in die Luft
gekommen ist und noch weniger eine Idee, wie man es heil
wieder auf den Boden bringt: Würden Sie im Angesicht dieser
Erkenntnislage zum nächsten Flughafen fahren und einen
Urlaub buchen?

Warum trägt dann irgend wer sein Geld zur Börse? Die Crux
ist, dass die ZENTRALE Grundannahme der
Wirtschaftswissenschaft kompletter Nonsense ist: Den
nüchtern und logisch operierenden Marktteilnehmer gibt es
nicht, da gibt es eher den Weihnachtsmann, oder ehrliche
Politiker. Was wäre aber zum Beispiel mit der modernen
Physik, wenn die Grundannahme Einsteins über die
Lichtgeschwindigkeit lokal ungültig wäre? Genau.
Nun sind aber all diese Menschen da, die WiWi studiert haben
und um einen Job barmen. Was tun? Zeigen wir Ihnen, dass
Herzlosigkeit keine Qualität ist, auch wenn sie selbst immer
etwas anderes behauptet haben. Gliedern wir sie alle ein in
Unterabteilungen der Forschungsministerien und
Entwicklungsabteilungen dieser Republik. Da können sie dann,
weisungsgebunden, machen was immer die so machen. Denn
eines ist sicher: Das Überleben der Ökosphere und damit das
Überleben der Menschheit wird von Forschern und Ingenieuren
in die Welt gesetzt und nicht von Bankern oder Börsianern.

Arme USA? Armes Deutschland!

Von schwarzbart 14.07.2008, 10.44 Uhr

Fran&Freddy brauchen Hilfe? Von Bush? Nun, das kommt geläufig vor: Das Drama, wie's hierzuland gegeben wurde, mit gesungenem Vorspiel und in drei Akten:

Vorspiel*(Hier die Stimme von Frau Dietrich memorieren)*

Sag mir, wo das Geld hin ist
wo ist es geblieben
sag mir wo das Geld hin ist
was ist geschehn

Bankster zockten ab geschwind
in die Schweiz schnell wie der Wind
und werden nie gestehn
und werden nie gestehn.

Stimme aus dem off:
Nichts neues also. Aber ein hinreichender Grund, mal zu rekapitulieren, wie's hier so läuft:

1. Akt:
Frau Schavan betritt die Bühne: Was keiner weiß: Ich bin die Forschungsministerin! Ich bin's wirklich. Und ich benötige 500 Millionen mehr im Forschungsetat.

Pere Ubu, äh, Peer Steinbrück tritt an die Rampe:
Ausgeschlossen! Ich sanier den Etat und wenn das Land daran
krepiert.

(Im Hintergrund singt der Chor der Sachkundigen:)
Dies ist eine Wissensgesellschaft
Der Export, das ganze Land basiert auf Wissen
Nur Steinbrück weiß das nicht

2.Akt:
Zeitungsjungen schreien uns die Schlagzeilen von der
geplatzten Immobilienblase um die Ohren.

Im Hintergrund bricht die Bayrische Landesbank mit Wissen
des CSU-Chefs zusammen, die Sächsische LB implodiert wie
ein alter Fernseher.
Es knirscht bedrohlich im Gebälk von Deutscher Bank & Co

3. Akt
Peer Steinbrück, diesmal wirklich als Pere Ubu, appliziert den
Bankstern
35 Milliarden Euro (rektal, wie das Publikum vermuten darf),
das 70-fache der Summe, die die Unbekannte Ministerin für
Forschung&Bildung wollte.
Im Hintergrund des Bühnenbildes macht uns der
Forschungsstandort die Titanic. Wie immer bei derlei
Ungemach überleben 90% der Erste-Klasse-Passagiere,
während 90% der Dritten Klasse klassengesellschaftskonform
absaufen.

Die Kapelle, von der Honecker immer geträumt hat, spielt noch
ein Weilchen.

Vorhang.
Demnächst wieder so oder ähnlich in einem Nachrichtensender
ihrer Wahl.

Kommentare

07.12.2009_Die Politik der Bimbespartei

hat weder Sinn, noch Verstand, weder Ehre noch Würde. Aber sie hat immer einen Preis. In Geld, bezahlt von der Industrie, für die Ermöglichung schneller, schäbiger Profite.
Für die Folgen solchen Tuns zahlen wir dann alle, in toto - doch nein, nicht alle. Nur die, die zu arm sind, sich zu wehren. Das nennt man bei der CDU Demokratie.

29.11.2009   Falsch gerechnet

CDU/CSU: 33,4%, FDP 14,6%, Wahlbeteiligung 72,5%.
Daraus folgt real CDU 24.1%, FDP 10,6%, zusammen 34,7% der wahlberechtigten Bürger.
Eine klare Mehrheit sieht für mich anders aus.

28.11.2009   PETA und Veganer

sind immer bitter. Ernst. Schließlich geht es um arme Tiere.
Über verhungernde Kinder regen die sich aber nicht so doll
auf. Wer's versteht...

26.11.2009   Dieses Land ist unser Land

Holen wir es uns zurück - von der alleslähmenden
Parteienoligarchie aus CDU/CSU/SPD/FDP. Die sind alle vier
unwählbar für jeden, der Freiheit und Demokratie will in
Deutschland. Diese vier Parteien zwingen uns, dafür zu zahlen,
dass sie die Öffentlich-Rechtlichen zu ihrer
Propagandamaschine deformieren dürfen.
Einen Rundfunkrat fürs ÖR muss es geben: Demokratisch
gewählt, von denen, die die Musik bezahlen.

22.11.2009   Les bourgeouises

c'est son les cochons - wusste schon Jaques Brel. Nichts neues
unter der Sonne, im Großen.
Pikant dabei ist nur, dass eine der beiden Parteien, die
"größere" (27%) sich als Volkspartei geriert und dabei laut
eigener Wähleranalyse typischerweise von männlichen,
ungebildeten Kleinstädtern über 50 gewählt wird. Die
klassischen Leistungseliten halt...

15.11.2009   Die Lage in NRW:

-

2 sturzkonservative "Volks"parteien

1 rechtskonservative FDP, die hintereinander 5 mal in Karlsruhe ihre Polizeistaatsgesetze um die Ohren kriegte

1 Linke, die sich aus Altstalinisten und DKPisten rekrutiert

der letzte Landesverband der GRÜNEN, in dem die Fundis noch was zu melden haben

Und, ach ja, die Piratenpartei, linksliberal, unverbraucht, gegenwartskompatibel und strikt auf den transparenten Staat ausgerichtet. Da geht was, messieursDames..

25.10.2009   So isser, der Kapital-Feudalismus

Wozu verbieten, was man kaufen kann?

80% aller weltweit erscheinenden Medien gehören 6
internationalen Konzernen - und auf nationaler Ebene sieht's
fast noch finsterer aus.
So lässt sich die Regierung, die man sich wünscht,
herbeischreiben. Das ist noch unauffälliger als Kaufen. Und
das ist übrigens auch der Grund, warum ständig ganze Horden
gedungener Rufmörder unter den Deckmäntelchen des
Journalismus über die Internet-Kultur herfallen und Sodom und
Gomorrha allen Ortens sehen:

Sie haben dort keine Kontrolle. Und das ist für sie - siehe
Überschrift - die neue, zeitgemäße Form der Gotteslästerung.

Jehova,Jehova...

<u>**25.10.2009   Kapital-Feudalismus**</u>

meint zunächst die klar erkennbare, real existierende
Klassengesellschaft, mit der auf dem gewohnten Erbwege
dynastischen Struktur.

Wenn z.B. Gerhard Schröder von allen selbst ernannten
Demokraten unwidersprochen sagt: "Man kann in Deutschland
nicht Politik machen gegen die Wirtschaft", dann frag ich mich
doch, wieso wir dann überhaupt noch wählen gehen.

Denn eine politische Klasse, die keine Politik machen
will&kann gegen die Wirtschaft, wird am Ende Politik machen
MÜSSEN gegen die Bürger. Und eine Regierung, die
systematisch bürgerfeindliche Politik macht, sollte man nicht
demokratisch legitimieren - das ist eine Farce, sonst nichts.

Die 50 reichsten Unternehmen der Welt verfügen über 52%
aller Ressourcen derselben, die haben eine Machtfülle, dagegen
ist der spanische Absolutismus zu seiner Glanzzeit eine
anämische Kreatur.
Was kann man dagegen tun? Man kann es mit "freundlich
zureden" versuchen, im Glauben fest. Man kann es mit Wahlen
versuchen, aber mir schwant, dass die verboten werden, wenn
sie etwas ändern würden. Am Ende werden wir uns -
zumindestens in Europa - auf die Traditionen von 1789
besinnen müssen.

Etwas Besseres weiß ich nicht.<u>25.10.2009   Glücklicherweise
ist das falsch</u>

Denn hätte niemals jemand Politik GEGEN die Wirtschaft
gemacht, dann hätten wir in Europa immer noch Verhältnisse a

la Manchester oder wie in chinesischen Sweat-Shops.

Es ist eben nicht so, dass man solche Politik nicht machen kann. Man kann sie nur nicht machen mit systemkonformen Politikern und einer gleichgeschalteten Presse.

Und die haben wir hier.

22.10.2009   Krieg&Drogen

In den 70ern schätzte sich glücklich, wer mal ein bisschen Haschisch aus Afghanistan erwerben konnte, den berühmt-berüchtigten "Schwarzen Afghanen". Die bösen Opiate kamen aber aus dem Goldenen Dreieck, hinterm Vietnamkrieg links.

40 Jahre später siedelt die US-Kriegkarawane am Hindukusch, und - plopp- wie Kai aus der Kiste, sind die Opiumbauern auch schon wieder da. Mag's ein Zufall sein, mag's der Teufel sein...

Übrigens: Opium wächst bevorzugt auf extrem kargen Böden im Hochland, auf denen sonst fast nix wächst. Und den Bauern selbst bleibt von der Blume des Bösen nicht mehr als von Kaffee oder Tee.

<u>19.10.2009   Die Drogenindustrie und die Schäubles</u>

dieser Welt sind direkte Verbündete. Die einen leben davon, dass Drogen illegal sind, die anderen kochen ihr Polizeistaatssüppchen aus den daraus resultierenden Problemen.

Und nicht zu vergessen ist der dritte Spieler auf dem Platz: Die Hersteller legaler Drogen. Die haben möglicherweise sogar das stärkste Interesse an der Drogensituation in den entwickelten Ländern:

Bayer & Co wollen Valium teuer verkaufen und nicht mit Marihuana konkurrieren müssen - zumal letzteres vergleichsweise harmlos ist. Vergessen wir nicht: Auf jeden Junkie kommen 10 Tablettenabhängige.

Wenn also ein ganzer Politikzweig so offenkundig vom Schwachsinn regiert wird: Qui bono?

24.09.2009   Einer meiner Freunde

war als Trainee beim Burger-König. Nach 3 Monaten hat er
gekündigt, weil er nicht bereit war, andere Menschen wie
Dreck zu behandeln.

Bei diesen angeblichen Schwarzen Schafen - die in Wahrheit
eine veritable Herde bilden - ist Menschenverachtung erste
Managerpflicht, Management by terror die einzig praktizierte
Führungsmethode.
Wer sich bei diesen Sozialdarwinisten verdingt, um seine
Karriere zu befördern, der würde sich auch als Oberaufseher in
einem Straflager in Burma verdingen.

25.09.2009   Ismen sind Ismen

und auch die verlockendsten können nicht tanzen, und schon
gar nicht mit den Verhältnissen.
Jeder, der sagt, dass Stalinismus (als behaupteter
Kommunismus) gar nicht geht, muss auch sagen, dass der
Marktfeudalismus des sogenannten Kapitalismus mindestens
ebenso wenig geht. Denn wir erinnern uns an die Schlangen
vor russischen Supermärkten und an die Stimme des
vertrauenswürdigen TV-Kommentators: „Das, liebe
Landsleute, ist der Kommunismus". Wir erinnern uns nicht an
die Bilder von Kindern, die in Manila oder Mexico City, auf

Müllhalden nach Essbarem suchen, begleitet von der selben
Stimme, die uns sagt: „Und das ist der Kapitalismus". Denn
das hat man uns nicht gezeigt. Niemals.

So viel Distanz muss man können, als moderner Mensch,
ansonsten können wir gleich fortfahren mit Tieropfern und
Götterverehrungen.
Es geht nicht länger, schon lange nicht mehr, um lechts und
rinks, denn auf der Linken sitz kein Danton, kein Graf
Mirabeau und - mangels König - auf der Rechten nicht die
Royalisten.
Die Frage von heute lautet: Wollen wir uns alle messen lassen
am Anspruch, in einem demokratischen, zivilisierten,
humanistischen Land zu leben, oder wollen wir Politik weiter
von denen machen lassen, die nur der Gier einiger dienen?

25.09.2009   Solche sophistischen Unterscheidungen...

Solche sophistischen Unterscheidungen interessieren heutzutage niemanden mehr. Tatsache ist, dass ein Großteil der Linke-Mitglieder dem DDR-System nachtrauern.

Es wird mit dem putzigen Wort "Ostalgie" bezeichnet, wenn man ein System zurückwünscht, das Leute, die einfach nur ihre Freiheit wollten, wie die Hasen abknallte, das Regime-Kritiker in KZ-ähnliche Lager steckte, das Kinder von früh auf militarisierte und eine Jugendorganisation unterhielt, die der HJ ähnelte.

Man muss sich nicht wundern, wenn heute so viele Neonazis in den neuen Bundesländern auftauchen, deren Weltbild ist nämlich immer noch Mainstream dort. Das hat die Gehirnwäsche durch die Kommunisten bewirkt.

<u>24.09.2009   Dieser Mann</u>

ist immer noch das Beste, was das Politische Deutschland zu bieten hat. Das ehrt den geschätzten Altkanzler*, ist aber, 27 Jahre nach seinem Retiro, ein Armutszeugnis für die real existierende Politische Klasse.
Denn: Was ist der Sinn demokratischer Politik? Der Machterhalt der eigenen Partei, die eigene Karriere? Oder geht es doch darum, das Land voranzubringen und das Leben seiner Bürger, aller seiner Bürger?

Wie Herr Dr. Schmidt so treffend sagte, haben sich für die erste Große Koalition ein Nazi und ein Kommunist zusammengerauft.

Wenn Deutschland am Sonntag eine linke Mehrheit wählte, wären ein Sozialdemokrat und ein Ex-Sozialdemokrat dazu nicht in der Lage. Schönen Tach auch, Herrschaften...

*Hab ich zu seiner Zeit als Kanzler nicht durchgängig so gesehen.

<u>22.09.2009   Die Piraten sind Lumpen und krumme Hunde</u>

Denn was sollten sie sonst sein, verweigern sie sich doch schnöde den ideologischen Schubladen der üblichen Zeitungsschreiber.

Wer nur Nägel hat, für den wird alles zum Hammer und Schrauben kennt so einer gar nicht. Also: Wer nicht ins Schema passt ist beliebig, unmoralisch oder sonst was. Und nachts braten solche Leut kleine Kinder, wie's Piratenbrauch ist.

Übrigens werden in heutiger Zeit aus böswilligen Unterstellungen schon lange keine Tatsachen mehr, auch das scheint bei manchem Autor noch nicht angekommen – es sei, er ist gar Jurist?

Bei denen gehört das Umrubeln von falschen Behauptungen zu Tatsachen ja zum Handwerkszeug. Piraten diskutieren nämlich, in wahrnehmbarer Weise, über Bedingungsloses Grundeinkommen, über Bildung, über ein reformiertes Urheberrecht, das Urhebern und Konsumenten nützt und nicht nur der Verwertungsmafia und über einen erheblichen Vorrat an anderen Themen.
Die Presse verschliesst vor diesen Tatsachen die Augen. Mit Absicht, wie ich vermute, denn der Erfolg der Piraten macht ihnen offenbar angst.
Zu recht, vermutlich...

Wenn die Piraten Ihnen dennoch im Moment etwas chaotisch erscheinen: Das ist so. Schließlich haben wir unsere Mitgliederzahl in 4 Monaten verzehnfacht. Diese Art von Erfolg geht naturgemäß mit organisatorischen Problemen einher.

11.09.2009   Parlamentarier und ihre Qualifikationen

Als Mitarbeiter der Metternich'schen Zensurbehörde musste man aber schon lesen können. Im Bundestag dagegen tummeln sich die digitalen Analfabeten (Browser. Browser. Was war doch gleich ein Browser?) und sind sakrosankt?
Wenn ein Klempnermeister einen Heimwerker beobachtet, wie der einen Hammer am Kopf packt, um mit dem hölzernen Stiel einen Nagel in die Wand zu treiben, braucht es für den Meister keinerlei Arroganz, um zu sehen, dass der Heimwerkerkönig ein Volltrottel ist.
Wenn ich Altpolitiker über das Netz und die Welt der Gegenwart reden höre, denk ich immer: "Das glaube ich nicht, Tim".
Und behalte damit fast immer recht.

11.09.2009   Wer mit dieser chinesischen Administration redet,

verleugnet Voltaire, Kant, Rousseau, Diderot und alle die, die 1848 und im Dritten Reich um ihre Freiheit und ihr Leben fürchten mussten, weil sie für die Menschenrechte, für freie Rede und selbstbestimmtes Leben aufgetreten sind.
Diese Veranstaltung kann jeder freiheitsliebende, zivilisierte Mensch nur boycottieren. Oder wir gehen hin und schauen uns an, was so wird, hier, wenn wir Schäuble&Co gewähren lassen.

Grosse Staatsliteratur, garantiert kritikbefreit. Wer's mag...

11.09.2009   Wieder was gelernt

Ich dachte bisher, Mißfelder sei Spezialist für Altersbeschränkungen bei künstlichen Hüftgelenken.

Aber mit der Vorbildung isser natürlich zum Internet-Spezi prädisponiert - so wie jeder gute Internist einen Porsche-Spider-Vergaser einstellen kann. Oder wie?

Übrigens gewinnt die Piratenpartei pro Tag 30-60 Mitglieder dazu. Und wir sind nicht die neuen Grünen. Nicht, nachdem wir mit ansehen mussten, wie die alten Grünen sich domestizieren ließen Da versenken wir uns eher selbst. Aber dazu wird es nicht kommen.

Denn wenn uns auch hier und da ein wenig Sachkompetenz
fehlt: Wir haben etwas viel besseres. Wir haben
Lösungskompetenz. Die hat jeder gute Softwareentwickler.
Und von denen haben wir eine Menge.

06.09.2009   Immer wieder Rüttgers

Dabei genügt die folgende (verbriefte) Geschichte, um zu
zeigen, wes kleinen Geistes Kind der Mann seit 25 Jahren ist.

 Und die geht so:
Als 1994 der Bimbeskanzler die Wahl gewann, indem er auf
unser aller Kosten 4 Mio "Russlanddeutsche" ins Land holte
und mit Stimmrecht ausstattete (Er hatte dennoch nur 1 Mio
Stimmen Vorsprung), wurde Rüttgers Minister.
Zukunftsminister, in seinen eigenen, hochtrabenden Worten.

 Und als der Zukunftsminister seinen Schreibtisch im
Forschungsministerium beziehen wollte, wurde er gefragt, ob
er einen PC auf seinem Schreibtisch wünsche.
Antwort Rüttgers - damals zarte 45 Jahre alt:

"Für diesen neumodischen Kram bin ich zu alt."

Noch Fragen?

Ja, eine: Was sagt einem die ArGe, wenn man sich als 45-
jähriger Arbeitsloser genau so äussert? Gelten höhere
Erwartungen an Arbeitslose, auch mit kleinen
Bildungsabschlüssen, als an Bundesminister?

02.09.2009   Regierungshandeln, Verwaltungshandeln, Parteienhandeln

werden in Deutschland immer noch vom NASA-Dilemma bestimmt.

Chuck Yeager zum Ausbildungsleiter der Mercury-Mission:
"Ich dachte, Sie wollen die Besten"
Antwort des Ausbildungsleiters:
"Nein, Sir. Wir wollen die Besten, die wir kriegen können"

So läuft das hier auch: Wenn man einen Administrator sucht und 2000 Euro im Monat zu zahlen bereit ist, dann kriegt man den besten, den man für 2000 kriegen kann - also voraussichtlich einen Vollpfosten. Denn gute Admins kosten mindestens das Doppelte...
Dazu kommt noch das unterschätzte Problem, dass viele Web-Gestaltungsanbieter eher Grafik-Design studiert haben und nicht Informatik.

Und die können zwar alles "toll aussehen" lassen - oder, in deren Sprache:"Sexy aussehen", aber was IT, IT-Grundschutz und Co angeht, sind die von nachgerade Zypriessscher Ahnungslosigkeit.

02.09.2009   DA DENKT MAN: DIE IRREN HABEN DIE ANSTALT ÜBERNOMMEN

_Und dann: Weit gefehlt - sie haben sie entworfen und gebaut.

Wer glaubt, dass es lohnt, alles aufzuräumen und beherzt aber
bewusstlos weiter zu hantieren, dem kann nicht geholfen
werden. Nicht mit intellektuellen Mitteln.
Übrigens: Ich wusste gar nicht, dass die deutsche Politik *tutto
completto* in 31. Stockwerken angesiedelt ist*. Aber mir
leuchten die resultierenden Probleme ein.
Was sollen die auch unten, in der Lobby, wo die Lobby ihnen
doch schon längst im 31. auf dem Schoß sitzt. Volksnähe ist
schließlich böseböse Demagogie.

Übrigens gab es schon früher Pleiten wie die von Lehman. Und
es gab Verantwortliche wie Fuld. Der Unterschied ist: Die
haben sich früher erschossen. Sie selbst sich selbst.

*Lehman Broth. hatten ein 31-Stockwerke- Bürogebäude. Dort
oben, im 31. Stock, saßen die Verantwortlichen, gelangten nach
dort mit einem eigenen Aufzug oder dem Hubschrauber und
wurden in den Etagen darunter niemals gesehen.

<u>**01.09.2009   Wissenschaftstheorie ist nicht jedermanns Sache**</u>

Gesichertes Wissen ist all das, was sich mit hinreichender Genauigkeit in das zugrunde liegende Standardmodell einfügt - insbesondere, wenn es sich experimentell erhärten liess.

Da gibt es dann nichts zu glauben, niemand muss irgend etwas glauben, alle Fakten liegen auf dem Tisch und der Interessierte kann sie gewichten. Das nennt man Wissenserwerb.
Wie gelangt man zu gesichertem Wissen? Das fügt sich in drei Schritten:

1.   Aufgrund der bekannten Grundlagenforschung gelangt der Wissenschaftler anhand seiner Daten zu einer neuen Vermutung
2. Indem er diese Vermutung in mögliche Experimente zur Verifizierung einbettet, gelangt er zu einer Hypothese
3. Das Durchführen der Experimente wird diese Hypothese als falsch zeigen oder verifizieren. Eine experimentell verifizierte Hypothese nennt man dann eine **Theorie**.

2.

Aus dieser Schematik lässt sich der Status der Evolutionstheorie anhand ihres Namens zweifelsfrei ableiten. Sie können natürlich - im Stile von US-Bible-Belt- Fanatikern sagen - dass Logik auch nur ein Glaubenssystem sei; wobei ich auf die Beweisführung sehr gespannt wäre.

Oder sie schlagen sich auf die Seite der modernen Wissenschaft und sehen Wissen als nicht-statischen "Dump" eines globalen *work-in-progress*. Und natürlich kann sich als falsch herausstellen, was heute noch als unumstößlich galt.

Das ist aber kein Mangel, es ist vielmehr die Grundstärke dieses Systems. Denn wie sagt man so schön: Glauben heißt nicht wissen. Oder einen Schritt weiter, bei Clarkes 2. Gesetz:

Glauben heißt, eine Sache als richtig zu erachten, von der man weiß, dass sie falsch ist.

01.09.2009   Nachdem Michel Glos bewiesen hatte,

dass ein Sack Schrauben seinen Ministersessel gleichwertig und deutlich billiger besetzt hätte, kam, naturgemäß, in der schlimmsten Wirtschaftskrise seit 80 Jahren, nicht etwa ein mühsam gesuchter Fachmann auf den Thron, sondern eine Proporzpfeife aus Franken, der Jungspund **vuzG**. Der war nämlich CSUler **UND** Franke, und das war, selbst in dieser Krise, der sogenannten Volkspartei die entscheidende Qualifikation.

Wer nach diesem live abgehandeltem Polit-Schwachsinn noch Hoffnung setzt in unsere Volksparteien, der täte besser daran, sich sein Gehirn explantieren zu lassen und fürderhin als Türstopper zu benutzen. Das würde es dann wohl noch leisten...

Die Politiker in den etablierten Parteien machen, was immer sie tun, weder für das Land noch für die Bürger. Was immer die tun, dient der eigenen Karriere und der Macht ihrer Partei. Und manchmal, viel zu oft, wird der eine oder die andere von einer tiefen, pathologischen Angst geschüttelt und dann schreien sie auf und reden wirr und fordern die Abschaffung von Bürgerrechten.Nur tun sie das nicht nachts, im Schlaf, sondern am Rednerpult unseres Parlaments, eines Parlamentes, von dem sie glauben, dass es ihnen gehört.

31.08.2009 Die bürgerliche Mitte ist ein elitaristischer Kampfbegriff

Da irrt der Rüttgers, den ich mir verkneife einen Herren zu nennen, so wie meist. Die "Bürgerliche Mitte" von der die CDU immerzu redet, ist ein reiner Klassenkampfbegriff. Und insbesondere gibt es sie nicht. Zumindest nicht bei der CDU. Das Wählerprofil, das die Schwatten immer noch im Giftschrank verborgen halten, obwohl sein Inhalt allgemein bekannt ist , sagt:

"Der typische CDU-Wähler ist männlich, über 50, lebt auf dem Land und hat einen niedrigen Bildungsabschluss."

Wir wollen doch nicht hoffen, dass *dies* die bürgerliche Mitte dieses Landes ist... Es ist vielmehr so, dass das Bildungsbürgertum im Lande grün wählt und die Anhänger der FDP sich nach wie vor aus Zahnärzten und Klempnermeistern besteht, die den Traum haben, mithilfe von FDP-Politik mal so abzusahnen wie Ackermann.

Und die SPD bleibt die Partei von großstädtischen Angestellten. Weiter trägt die nicht mehr.

Was nun die Piratenpartei angeht, darf man Jim Morrison zitieren, endlich mal wieder:
"The old get old but the young get stronger"

29.08.2009   Die pawlowschen Umweltschützer haben wieder

einen Auslösereflex erfahren. Das Zauberwort, das beim Deesertec-Projekt all diese Zombie-Argumente wieder in die Welt zurückholt, heißt: Großtechnologie

Das **muss** ja schlimm sein. Geht gar nicht anders. und die armen Eingeborenen! Die muss man doch schützen! Vor allem davor, ihrer pittoresken Armut zu entkommen, denn dann sind die gar nicht mehr putzig und lassen sich auch nicht mehr gutmenschlich knuddeln. Oder wie?

Ich bin unbedingt für Desertec. Übrigens, bin ich der einzige, der sich fragt, was rund um die Standorte mikrometeorologisch so passieren wird? Wie wirkt sich eine solche Energiesenke aus? Wird es spürbar kühler? Regnet es am Ende mitten in der Wüste? Das sähen die Nordafrikaner mit ganz anderen Augen als wir westeuropäischen Großstädter - zu recht.

28.08.2009   Jeder Cent ist vergeudet -

sei es für internationale Klimaprogramme oder für
Naturschutz*. Erst wenn der globale Bevölkerungszuwachs
gestoppt ist, hat man eine Grundlage, auf der man handeln
kann. Die Gottesanbeter und ihre Tabuisierung der
menschlichen Sexualität, samt Frauenunterdrückung zum
Gebärzwang, werden mit ihrem Aberglauben den Planeten in
den Abgrund reißen, wenn wir sie lassen.
So lange die Klügeren nachgeben regieren die Dummen die
Welt.

*gilt natürlich nicht innerhalb Europas

26.08.2009   Weder rechts noch links

Der Mensch der Moderne ist Pragmatiker, er lässt sich nicht
auf ein politisches Schema aus Bismarcks Zeiten ein. Der
Mensch der Moderne lebt in der Gegenwart und will Zukunft
gestalten, statt immer wieder aufs Neue alte Kämpfe neu
aufzuführen.
Die Vertreter der Vormoderne sehen das naturgemäß anders,
eben so, wie sie es nur sehen können. Verschwenden wir unser
kurzes Leben nicht damit, die von IRGENDWAS zu
überzeugen, sie werden es nicht verstehen.

Menschenrechte sind der Katechismus der Zivilisation, sie sind universell und jeder Zweifel schlicht prä-zivilisatorisch.

Es sind ja nicht umsonst immer wieder die ausgewiesenen Barbaren-Staaten China, Iran, Burma, Nord-Korea, die sich hier in Relativierungen ergehen.

17.08.2009   Feudalismus reloaded

Spätestens durch die Art und Weise, wie solch eine Monstrosität wie Exxon regiert/reagiert, wird jeder Versuch, auf staatlicher Ebene Demokratie zu etablieren, vollkommen fruchtlos. Der Feudalismus des Geldadels wird fortbestehen und Freiheitsfeind Nr. 1 sein (ja: sogar noch VOR Schäuble. Unglaublich, oder), so lange die Menschen diese Verbrecherfirmen ohne Gegenwehr handeln lassen.
Und egal, wie viel Geld Shell in Umwelttechnik investiert: Sie hören nicht auf, ihre kriminellen Machenschaften in Nigeria zu verfolgen. Diese Konzerne waten durch Blut, wenn nötig. Sie müssen gestoppt werden.
Letztlich sehe ich keinen Unterschied zwischen Birma, Nord-Korea, Exxon und Shell.

Ich bin ein Pirat

Und seit einigen Monaten bin ich in der gleichnamigen Partei.
Meinen *nick* habe ich gewählt, weil Edward Teach ein
Anführer war, wie es sie nicht mehr gibt:

Er war immer der Erste an Bord des feindlichen Schiffes und er
bekam für seine Arbeit als Kapitän 1,5% der Prise, statt 1% wie
seine Mannschaft. Fallen Ihnen da Unterschiede auf, Herr
Ackermann?

So was geschieht, wenn freie Menschen ihre Geschäfte frei
miteinander verhandeln, da kriegt nicht der Eine ein Stück Brot
und der Andere exclusiv die Kiste Gold.

Piraten wollen in Freiheit leben, in einer gerechten Welt ohne
Klassenjustiz und mit einer ordentlichen Absicherung für Alter
und Krankheit. Und die Piraten von heute wollen darüber
hinaus den freien Zugang zu bestmöglicher Bildung und Freies
Wissen. Dass wir die Urheberrechte wieder in die Hände der
Urheber zurücklegen wollen statt in die Krallen der
Verwertungsmafia, hat uns irrtümlich oder mit Absicht in die
Nähe von Downloadern und Filesharern gerückt. Das war
falsch.

Piraten wollen einen Weg gehen in eine freie und gerechte Welt
ohne rote Fahnen und „Klassenkampf von unten" mal wieder.
Der Klassenkampf von oben geht nun seit 30 Jahren und hat
genug Schaden angerichtet. Das muss aufhören.

Freiheit, Demokratie und Marktwirtschaft sind unverzichtbar.
Da liegt der Unterschied zu Sozialismus und Kapitalismus.
Denn letzten Endes ist die Welt nicht besser geworden durch
den Kollaps des Ostblocks. Das Machtsystem der Bankster und
Oligarchen unterscheidet sich nicht sehr vom Machtsystem der
KPdSU.
Deshalb bin ich ein Pirat. Kommt an Bord, wir brauchen jede
Hand. Dieses Land hat eine bessere Zukunft verdient, als jene,
in der nur die Ackermänner immer reicher werden.

Diese Welt hat eine bessere Zukunft verdient.

Autor, Publizist, Dozent - das aktuelle Profil

Biographisches

John Martin Ungar, geboren 1955, gilt zu Recht als Deutschlands ältester Computer-Kid. Nach der Mittleren Reife begann er seine Berufslaufbahn als Auszubildender zum EDV - Kaufmann und schrieb hier mit knapp 16 Jahren seine ersten Assembler - Programme. Nach Abschluss der Ausbildung arbeitete er in einem großen Ingenieurbüro und für einen deutschen Computerhersteller als Systemprogrammierer. Nach einer Weile holte er sein Abitur nach und studierte, was sonst, Informatik und Mathematik. Ein schwerer Motorradunfall beendete diesen kontinuierlichen Prozess. Es war Zeit für etwas völlig Neues. JMU lernte Saxophon zu spielen und arbeitete als Orchestermusiker in verschiedenen Jazz- Bigbands und Combos. Zeitgleich begann er, seine Reisen in Gebiete hinein auszudehnen, die nicht mehr oder nicht zu vernünftigen Bedingungen auf dem Landweg erreichbar waren. Als mit Mitte 30 der echte Durchbruch als Musiker weiter ausblieb, entschloss er sich, zu seinen alten Fähigkeiten zurück zu kehren. Er schrieb sich erneut in Mathematik, Informatik und diesmal auch in Kommunikationswissenschaften ein und erwarb 1997 sein Diplom als Technischer Redakteur. Diese Ausbildung wurde noch ergänzt durch eine Qualifizierung zum UNIX - und Netzwerkadministrator. Seit dem Jahr 1998 arbeitet JMU freiberuflich als Technischer Autor, Publizist und Redakteur, als IT - Dozent und als Spezialist für Netzwerksicherheit.JMU veröffentlichte in seinen frühen

Zwanzigern eine Reihe von Gedichten und Kurzgeschichten in einigen der damals populären "Underground" - Literaturmagazinen. Seitdem hat er im Kundenauftrag Schulungs-- und Anleitungstexte geschrieben. Seit 2004 arbeitet er als Fachautor für den Verlag GALILEO PRESS. Er hat hier ein Buch über den Anmelde- und Verzeichnisdienst OpenLDAP veröffentlicht und arbeitet zur Zeit an einem Buchprojekt über Virtualisierung und Clusterverfahren unter Linux. Er hat ausserdem eine Reihe von Fachartikeln für das Linux User Magazin geschrieben, Thema-Schwerpunkt war die neue Multimedia-Fähigkeit von Linux und die dafür nötige Software. Diese Artikel wurden übersetzt und im US-amerikanischen Mutterhaus veröffentlicht Darüber hinaus veröffentlicht er eine Reihe von Reiseerzählungen. Der erste Band "Die simple Kunst des Reisens - Thailand und Kambodscha" ist im online-Buchhandel erhältlich. Ein Werk über Laos ist in Vorbereitung. Neben der Arbeit als Publizist und Schriftsteller steht seit Ende 1997 auch immer die Arbeit als Dozent und IT-Trainer im Vordergrund. Hier sind mittlerweile so ca. 8.800 Stunden Berufserfahrung zusammengekommen mit wirklich allem, was die Skill-Liste hergibt.

Kurzbio

John Martin Ungar geboren am 23.01.1955 in Dortmund · Ausbildung als EDV-Kaufmann· Systemprogrammierer IBM 370/155 bei Uhde Dortmund· Systemprogrammierer bei Nixdorf (825+885 Systeme)· Studium von Mathematik, Informatik und Kommunikationswissenschaften Diplom als technischer Redakteur· Ausbildung zum Fachmann für heterogene Netze und Unix-Systeme beim CDI in Dortmund

Der Job

Dozententätigkeit

LINUX (SuSE, RedHat, Debian, Slackware. Andere Distr. auf Anfrage) LDAP HTML & CSS Javascript Perl PHP MySQL MS-Office (Word, Excel) OpenOffice/StarOffice Apache Samba Postfix/ Cyrus IMAP, Amavis OpenAFS Versionsmanagement mit Subversion Netzwerksicherheit Technische Redaktion Gesamtstunden als Dozent bisher: ca. 8.800

Softwareentwicklung

unter anderem für OCE: Qualitätsmanagement mit PHP und MySQL für QVC: Sicherungsabfragen via PHP/SQL für das Rechnungswesen, für Hagener Feinstahl: Optimierung von SQL-Abfragen

Programmierung:

Assembler (IBM) Perl PHP HTML, CSS JavaScript Ajax

Administration/Systembetreuung:

LINUX (SuSE, Debian, Slackware. Andere Distr. auf Anfrage)·
Netzwerksicherheit (NAT, iptables, Application Layer
Gateways, IDS)

Publizistische Tätigkeiten

Fachbücher

Autor von "OpenLDAP verstehen und anwenden" und
OpenLDAP 2.4 – inclusive Multimaster-Replikationen
(erschienen bei Galileo Press). In Arbeit: "Handbuch des
unerschrockenen Versionisten – Versionsmanagement mit
subversion für Autoren, Webdesigner und Kreative".

Artikel

J.M.Ungar hat an einer Artikelserie "Linux und
Musikproduktion" für die Fachzeitung Linux User Magazin
Deutschland und USA gearbeitet und wird zum Thema in 2010
ein Buch veröffentlichen mit dem Titel „JACK wohnt nicht im
Userland – Linux und Multimedia".

Literatur

Bisher erschienen: "Die simple Kunst des Reisens Band1 --
Thailand und Kambodscha", ISBN: 978-3-8370-7226-6

Herstellung und Verlag:
Books on Demand GmbH, Norderstedt
ISBN 978-3-8391-6312-2

www.ingramcontent.com/pod-product-compliance
Lightning Source LLC
Chambersburg PA
CBHW051754250726
48659CB00001B/413